건강한 가정을 만드는 부모의 언어와 태도

부모와 자녀

주용식 지음

대경북스

평온한 부자

1판 1쇄 인쇄 2023년 11월 10일
1판 1쇄 발행 2023년 11월 15일

지은이 주용식

발행인 김영대
펴낸 곳 대경북스
등록번호 제 1-1003호
주소 서울시 강동구 천중로42길 45(길동 379-15) 2F
전화 (02) 485-1988, 485-2586~87
팩스 (02) 485-1488
홈페이지 http://www.dkbooks.co.kr
e-mail dkbooks@chol.com

ISBN 979-11-7168-007-8 03370

Prologue

벌써 18년이 지났다. 20대 후반에 '교사'라는 직업을 가지고 30대를 지나 40대 중반에 다다랐다. 여전히 나는 젊다. 선배들에게는 핏덩이 같은 햇병아리 교사일 뿐이지만 그렇기 때문에 할 수 있는 일이라는 생각에 책을 쓰기로 결심했다.

미래에 초점을 두고 학생을 다그치기에 정신없었던 20대, 현재에 충실해야 한다는 관점으로 오늘을 충실히 살 것을 강조했던 30대, 그리고 지난날을 되돌아보고 반성하며 눈에 보이는 것만이 전부가 아니라고 생각하게 된 40대 교사의 나. 교사라는 직업이 학생을 가르치는 것이라고 생각했지만 그 생각은 시간이 지날수록 점점 변했고 '학생을 통해 교사도 변한다.'는 원론적인 말을 깨닫게 된 지금 나는 몹시도 부끄럽다.

"요즘 애들은 버릇이 없어."
"나 때는 안 그랬다. 요즘 애들은 너무 이기적이야."

이 말은 시대를 막론하고 사회의 기성세대가 젊은 세대에게 늘
했던 말이며, 의외로 많은 사람들이 이 말에 공감한다. 나 역시 한
때 이 말에 공감했었다.

그러나 지금의 나는 이 말에 공감하지 않는다. 그렇다고 젊은
세대가 기성세대를 비하하는 '틀딱'이라는 말에서 벗어나고 싶은
것도 아니고, 나만이 좋은 어른이라 말하고 싶은 것도 아니다. 나
는 '틀딱'이 맞다. 여전히 학생들을 보면 지적을 하게 되고, 고쳤
으면 하는 잔소리를 많이 늘어놓는다. 하지만 특별히 요즘 애들이
버릇이 없어서 그런 것은 아니다. 아이들은 예나 지금이나 똑같
다. 요즘 애들이라고 특별히 더 버릇이 없거나 이기적일 리 없고
예전 아이들이라고 예의 바르며 공적 이익을 추구했을 리 없다.

그럼에도 불구하고 왜 우리는 '요즘 애들은'이라는 말을 반복하
는 것일까? 그것은 아마도 아이들을 바라보는 기대치가 점점 높
아지기 때문일 것이다. 그리고 어쩌면 우리 어른들이 자신의 과거
는 돌아보지 못하고 고정관념으로 못 박아버린 것인지도 모를 일

이다. 이러한 생각은 어른 교육이 필요하다는 막연함에서 출발해 가장 작은 사회인 가족의 어른, 즉 부모교육이 반드시 필요하다는 구체적 생각에 도달하게 됐다.

그렇다고 해서 이 책이 오늘날의 부모들을 질책하기 위해 쓰여진 것은 아니다. 가임 여성 1명당 0.8명의 출산율, 출산하지 않는 이유 2위 양육비 부담. 그럼에도 자녀를 출산하고 최선을 다해 양육하는 대한민국 부모들을 응원하기 위해 쓰였다. 자칫 방향성을 제시하는 것처럼 보일 수도 있겠지만, 이것은 내가 부모에게 던지는 질문이다. 얼핏 보기에 자녀를 잘 양육하기 위한 질문들로 보일 수도 있겠지만, 결국은 부모 자신이 행복해지기 위해 생각해 보아야 할 것들로 구성되어 있다. 나는 부모의 행복이 자녀의 행복으로 이어질 수 있다고 믿는다. 그러기 위해 부모가 행복해야 한다.

나의 질문과 이야기가 부모를 생각하게 하고 생각의 태도와 방향을 바꿀 수 있는 기회가 되기를 기대해 본다.

차　례

6

제2부 부모가 아닌 나를 알아 가는 여정

제1부

생각의 태도와
방향 바꾸기

가족이라는 공동체

부모와 자녀 관계를 기본으로 하고 그 확장을 포함하는 구성원을 가족이라 부른다. 가족은 개인의 성장과 발달에 다양한 영향을 미치고 개인 또한 가족 구성원으로서 다양한 역할을 실행한다. 가족과 개인은 서로 간에 도움을 주고받는 상호보완적 협력 관계라 할 수 있다.

그럼에도 불구하고 최근에는 가족 간 수많은 문제로 어려움을 토로하는 사람들이 늘고 있으며 심지어 가족 해체론까지 주장하는 사람들도 등장했다. 시대의 흐름에 따라 가족의 의미와 구성원은 계속해서 변화했다. 과거엔 최소 조부모, 부모, 자녀 3대가 함께 지냈다. 그뿐만 아니라 혈연이 이웃을 형성하는 집성촌을 이루었다.

그들은 알게 모르게 넓은 의미에서 가족 공동체 구성원으로서 역할을 담당하고 있었다. 대가족 제도에서 부모는 자녀의 중심 양육자로 가장 많은 부담을 지니고 있다. 보통의 부모는 자녀의 올바른 성장을 위한 쓴소리를 담당했고, 자녀의 행동을 제안하고 일상의 태도에 관여했다. 이러한 교육은 꼭 필요한 것이지만 자녀는 이 과정에서 크고 작은 상처를 받는다. 그것을 치유하고 보듬어 주는 역할이 조부모 또는 혈연관계의 어른이었다. 부모에게 혼이 나고 상처받은 자녀는 부모를 제외한 어른의 등 뒤에 숨는다. 어른은 아이에게는 무조건적인 사랑을 주고 아이의 부모에게는 핀잔을 주며 아이의 든든한 버팀목이 되었다. 이를 통해 아이는 다양한 연령의 사람들로부터 배우며 성장하는 소중한 시간을 경험했다.

반면 현대의 가족은 부모와 자녀 2대가 함께 사는 소가족으로 변모하였다. 이웃도 친인척 관계가 아닌 남모르는 사람이 대부분이다. 아이는 자신의 절대적 지지자를 잃어버렸으며, 현대의 부모는 과거 조부모의 역할까지 도맡아야 하는 지나친 부담을 떠안게 되었다. 거기에 더해 현대의 부모는 대부분이 맞벌이로 자녀 양육에만 집중하기가 어렵다. 이러한 사회적 변화는 부모 중에 모의 부담을 가중했다. 육아라는 힘들고 중요한 일을 둘이 혹은 오롯이 혼자서만 이겨내야 하는 것이다.

과거에 비해 현대의 부모가 자녀 양육에 몇 배 더 힘들어하는 것은 어찌 보면 당연한 일이다. 가족 구성의 변화는 자녀뿐만 아니라 부모에게서도 든든한 지원군을 잃게 했다. 안타까운 현실이지만 현대의 부모는 이 점을 인정하고 받아들인 채 자녀 양육을 시작해야 한다.

그럼에도 가족

현대의 부모는 과거에 비해 지원군을 잃은 상태에서 출발한다. 그러다 보니 현대의 가족은 부모와 자녀가 동일 선상에서 출발한다고 볼 수 있다. 여기서 말하는 동일 선상이란, 자녀 양육에 경험이 없는 부모와 세상에 태어나 모든 것이 혼란스러운 자녀, 둘 다 겪어보지 않은 '오늘'을 살아간다는 의미이다. 이것은 매우 중요한 사실이다. 부모와 자녀 모두가 처음인 '오늘'을 살아가며 시행착오는 당연하고 의견 충돌 역시 비일비재할 수밖에 없다. 그런데 안타깝게도 이 과정에서 부모와 자녀는 끊임없이 충돌하고 서로가 서로에게 상처를 입히며 벽을 쌓아가는 상황이 반복되고 있다.

『부모가 곁에 있어서 더 불행할 수 있습니다.

부모를 미워해도 되나요?

상처만 주는 가족에게 질려 버리는 순간』

최근에는 자녀가 가족에 의한 스트레스를 호소하고 있으며 이와 관련해 다양한 영상이나 책이 출판되고 있다. 더 나아가 가족의 해체를 이야기하는 사람들도 등장했다. 가족에 대한 불만은 비단 부모에게만 국한되어 있지 않다. 형제자매의 관계 때문에 힘들어하는 아이들도 늘어나고 있다.

부모가 곁에 있어서 더 불행한 아이, 부모를 미워하는 아이. 상처만 주는 가족은 정말 불필요한 것일까? 가족의 해체를 받아들이고 가족 이외의 대안을 찾는 것에 몰두해야 할까?

잠시 고민해 볼 필요는 있겠으나 당연히 아니다. 가족은 예나 지금이나 매우 중요하고 꼭 필요한 사회에 기초가 되는 가장 작은 단위의 집단이다. 가정은 남과 남이 부부의 연을 맺고 새로운 탄생을 경험하고 그 아이의 성장을 돕는 최초의 장소이다.

매슬로의 5단계 욕구를 살펴보면 맨 아래 생리적 욕구가 있다. 생리적 욕구는 식욕, 성욕, 수면욕 등 기본적으로 삶을 유지하기 위한 욕구이다. 이는 인간이라면 누구나 가지는 본능이라고 할 수 있으며 태어나 속하는 첫 구성단위에서 해결한다. 대부분이 가족이라는 사회의 가장 작은 단위에서 이 욕구를 충족하며 만족감을 느끼고 성장해 가면서 다른 수준의 욕구를 만들어 낸다. 신체 발달뿐만 아니라 정서와 인격 발달에도 영향을 미치는 가족이라는 울타리는 자녀 성장의 기초이자 핵심이라 할 수 있다.

무슨 일이든 시작이 중요하고 기본이 단단해야 한다. 인간이 태어나 바탕이 되는 시기를 가족이라는 울타리 안에서 보내는 만큼 가족을 대체하거나 가족을 벗어나 그 대안을 생각하는 것은 어리석은 일이 될 것이다. 가족 위기 시대, 그럼에도 가족이 단단해져야 할 이유는 충분하다.

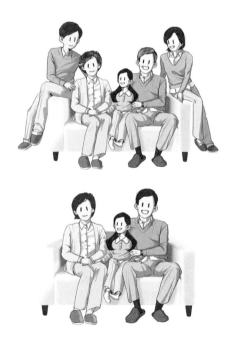

생각의 태도와 방향 바꾸기

단단해야 할 부모

자녀는 가족 속에서 매슬로 1단계 욕구를 충족하며 성장한다. 태어나 처음 속한 집단의 구성원으로 충분한 욕구 충족이 필요하다. 하지만 아이는 자신의 욕구를 충족하기 위해 스스로 행동할 수 없는 것은 물론이고 의사 표현도 제대로 할 수 없다. 아이의 1단계 욕구 충족의 성패는 오롯이 부모의 몫이다.

과거에 비해 자녀 양육의 조력자를 잃은 현대 부모는 우왕좌왕하며 수많은 시행착오를 겪는다. 그 과정에서 부모는 다양한 스트레스에 직면하며, 그 스트레스는 해소되지 못한 채 고스란히 쌓이게 된다.

영아 시기에 부모는 그야말로 투사(鬪士)나 다름없다. 대부분이 맞벌이 가정인 현대 사회에서 부모는 아이를 맡기는 것부터 어려움을 겪는다. 다행스럽게 안전한 곳에 아이를 맡겼다 해도 직장에서의 스트레스를 미처 내려놓지 못하고 가정으로 복귀해 새로운 스트레스와 마주한다. 현대의 부모란 스트레스 굴레에서 벗어날 수 없는 위치에 처해 있다. 중요한 문제는 그 스트레스를 해소하지 못한 채 억누르고 견디며 살아간다는 것이다.

이러한 상황은 좋게 포장하면 순진하고 나쁘게 말하면 무식한 것이 된다. 대부분 부모는 직장과 가정에서 받는 스트레스를 한 치의 의심도 없이 당연한 것으로 생각하고 받아들이지만, 세상에 그 어떤 것도 당연한 것은 없다. 따라서 직장과 가정에서 발생하는 스트레스를 해소하고자 노력해야 한다. 스트레스를 당연한 것으로 받아들여 버티기만 하면 고스란히 나에게 축적돼 언젠가는 반드시 터질 폭탄을 안고 살아가는 것이다.

육아의 과정은 일종의 수련 과정이다. 수련(修練)은 마음과 몸을 잘 닦아서 단련한다는 의미이다. 좋은 육아를 위해서는 부모의 마음과 몸을 잘 닦는 것이 매우 중요하다. 쇠붙이를 담금질하는 과정을 생각해 보자. 쇠붙이를 단단하게 만들기 위해서 불에 달구고 두드리는 작업만 반복하지 않는다. 쇠붙이는 견고한 만큼 높은 온도가 아니면 쉽게 모양을 바꾸지 않지만, 반드시 녹였다 굳히는 반복 과정이 필요하다.

그러기에 부모가 단단해지기 위해서는 강도 높은 스트레스를 견녀내는 것도 중요하지만 해소하는 것 역시 매우 중요하다. 그러나 우리는 이것을 대부분 묵과한다.

유독 육아 스트레스가 힘든 이유

스트레스가 만병의 근원이라는 말은 어렵지 않게 들을 수 있다. 우리는 스트레스가 대부분 나쁜 것이라 막연히 생각하지만 정작 스트레스가 무엇인지 정확하게 알지 못한다. 스트레스에 관한 심리학, 의학 등의 학술적 연구에 따르면 스트레스가 꼭 나쁜 것만은 아니다. 스트레스는 외부의 환경이나 내부의 변화에 반응할 수 있도록 유도하고 반응에 결정을 내리는 일종의 시스템이라고 볼 수 있다. 그렇다면 스트레스란 좋고 나쁨을 따지기 전에 일상에서 자연스럽게 일어나는 현상이라 볼 수 있다.

문물의 발달로 인한 편리성, 몸의 자유로움에 익숙해진 부모는 정신적 스트레스보다 육아를 통한 몸의 움직임에 더 큰 고통을 얻는다. 영아를 양육하는 일은 모두 몸을 움직이는 일이다. 영아 혼자 할 수 있는 것이 거의 없기 때문이다. 움직이지 않던 몸을 움직이려니 무리가 올 수밖에 없다. 부모는 자녀가 주는 스트레스가 아니라 자신의 몸이 불편하기 때문에 스트레스를 받게 된다. 나아가 부모를 더 스트레스 받게 하는 것은 자녀의 칭얼거림이 무엇을 의미하는지 정확히 알 수 없다는 데 있다. 자녀의 울음소리 뒤에 숨겨진 구체적인 의미를 이해하고 대응하는 능력과 경험이 부족하다. 주입식 교육에 익숙한 부모가 할 수 있는 것이라고는 주변 사람에게 도움을 청하거나 다양한 책을 통해 공부하는 것뿐이다. 하지만 조언과 책의 자료는 일반적인 지침을 제공할 뿐, 내 자녀의 울음소리에 명확한 설명을 제시하지는 못한다.

부모는 결국 몸소 자녀와 부딪히며 정답을 찾아야 한다. 처음에는 부모 자신을 기준으로 자녀와 대면한다. 하지만 이것이 반드시 효과를 나타내는 것도 아니다. 어쩌면, 이 시기에 부모는 태어나 처음으로 자기 주도적 학습과 깊이 있는 생각을 하게 되는지도 모른다. 온전히 자기의 자녀를 바라보며 그 어디에도 나와 있지 않은 정답을 찾기 위해 열과 성의를 다하며 자녀에 대한 사랑도 키운다.

부모는 지속적인 관찰과 상호작용을 통해 자녀의 특정한 신호, 그리고 선호도에 대해 적응하고 알아차리게 된다. 또한 이것은 자녀가 성장함에 따라 진화하며 부모는 그것을 지속해 조정해야 한다. 이것은 영아기에 국한된 것이 아니라 유아기 그리고 청소년기까지 계속된다. 명확한 답변이나 즉각적인 해결책이 없다 보니 몸도 힘들고 감정 소모도 심하다. 육아는 우리가 가장 싫어하는 불확실한 상황의 연속이라 할 수 있기에 부모의 스트레스는 상상을 초월한다.

부모는 자녀의 영아기에
이미 소통 달인이 된다

영아기 자녀는 가족 구성원으로의 역할이 없다. 그저 잘 먹고 잘 자며 울음과 웃음으로 자기 의사를 표현하는 것이 전부다. 부모는 단순하고 반복되는 자녀의 패턴 속에서 모든 것을 스스로 알아채 대응해야 한다. 이것은 의지할 데 없이 외롭고 답답하며 갈피를 잡을 수 없는, 뚜렷하지 못하고 어렴풋한 일이다. 그럼에도 불구하고 부모는 알 수 없는 의사 표현을 하는 자녀의 표정과 몸짓을 통해 적절한 반응을 제공한다.

이것이 어떻게 가능할까?

여러 이유가 있겠지만 그중 가장 큰 이유는 사랑일 것이다. 부모가 자녀를 사랑하는 것이야 죽을 때까지 이어지는 일이겠지만,

이때만큼 아무 조건 없이 맹목적인 사랑을 전하는 시기는 없을 것이다. 이 시기에 부모가 맹목적으로 자녀를 사랑할 수 있는 것은 누구에게도 배우지 않은 또한 일부러 인지하지도 않은 기저에 깔린 본능적 생각 때문이다.

아이에게 의무는 없고 권리만 존재하며 부모에게는 강렬한 책임감이 있다는 본능적인 생각.

이런 본능적 생각은 부모에게 자신을 지워버리는 결과를 만들기도 한다. 모든 것을 자녀에게 맞추어 생각하고 자문자답하며 끊임없이 다양한 방법으로 자녀와의 피드백을 시도한다. 말 그대로 땅 짚고 헤엄치기이며, 사막에서 바늘 찾기와 같은 일을 너무도 훌륭하게 알아서 해내는 것이다. 부모는 기존 소통 방식에서 벗어나 완전히 새로운 소통 방식을 찾아낸다. 주변의 도움을 받기도 하고 조언을 얻기도 하지만 그것은 어디까지나 참고사항일 뿐이다. 온전히 내 자녀를 중심으로 생각하고 관찰하며 자녀가 주는 반응의 경험을 기억하고 모은다.

그리고 부모는 이것을 바탕으로 소통의 달인이 된다. 별로 특별하지 않은, 다른 사람들에게는 다 똑같이 들리는 울음소리가 부모에게만 유독 다르게 들린다. 부모는 그 미세한 차이를 감지해 자녀가 잠을 못 자서 칭얼거리는 것인지, 놀아 달라고 칭얼거리는 것인지, 밥을 달라고 칭얼거리는 것인지를 귀신같이 알아채는 놀

라운 능력을 갖추게 되다.

이것이 가능한 것은 오롯이 자녀만을 바라보며 자녀의 만족감 하나만을 위해 부모의 생각과 행동이 결정되기 때문이다.

내 부모가 달라졌어요

모 프로그램 때문인지 우리는 "내 아이가 달라졌어요."라는 말에 친숙하다. 하지만 육아를 경험해 본 부모는 "내 부모가 달라졌어요."라는 말도 그리 낯설지 않을 것이다. 물론 위와 같은 문장을 똑같이 쓰는 자녀는 없다. "왜 그래?", "전에는 허락해 줬잖아.", "변했어."와 같은 말로 자녀는 부모가 예전과 달라졌음을 알린다.

부모는 자녀의 이러한 말에 얼마나 귀를 기울일까?

자녀의 영아기에 부모는 소통의 달인이 되었지만, 자녀가 울음이나 몸짓이 아닌 언어로 의사를 표현하기 시작하면서부터 부모는 예전처럼 자녀에게 온 신경을 기울이지 않게 된다. 부모의 신경이 줄어든 가장 큰 이유는 자녀가 일반적인 소통 방법인 언어를 사용하기 때문이다. 언어적 소통은 비언어적 소통에 비해 간단하고 명확하기에 울음이나 몸짓으로 의사를 표현하는 때보다 이해하기가 수월하다. 그러나 부모가 자녀에게 신경을 덜 쓰는 진짜이유는 자신의 역할과 책임이 달라졌다고 생각하기 때문이다.

삶의 시작 단계인 영아기 자녀를 위한 부모의 역할이 건강을 책임지고 보호받을 권리를 보장해 주는 것이라고 여겼다면, 유아기에 접어든 자녀에게는 사회의 질서와 공동체 의식을 가르치는 것이 부모의 책임이라고 여긴다. 즉 자녀의 성장에 따라 부모의 역할과 책임이 다르다고 판단한 것이다. 부모의 이러한 판단에서 비롯된 행동은 자녀를 혼란에 빠지게 만든다. 특히 영아기 때 부모로부터 충분한 만족감을 얻은 자녀일수록 달라진 부모의 변화를 민감하게 받아들인다.

만족감을 표현하기 힘든 영아기 자녀라고 해서 생각이나 감정이 없는 것이 아니다. 유아기 동안 지속적인 사랑과 보살핌을 받은 자녀는 이 시기에 부모에 대한 안정적인 애착을 높인다. 안정적인 애착을 형성한 자녀는 갑자기 달라진 부모의 신호에 더 예민하게 반응할 수밖에 없다. 그러니 자녀가 부모에게 달라졌다는 신호를 자주 보낸다면 짜증을 내고 다그칠 것이 아니라 자신이 그만큼 영아기 자녀에게 충분한 만족감을 주었다고 생각하면 될 것이다.

유아기의 가장 큰 특징은 의사 전달을 위해 언어를 사용한다는 것이다. 자녀는 언어 습득을 통해 사고와 추론 기술을 발달시켜, 좀 더 명확하고 효율적인 방식으로 부모와 소통한다. 언어를 통해 과거에 비해 수월한 소통이 가능해진 자녀는 부모에게 자기 생각과 요구를 전달하며 긍정적인 피드백을 기대하게 되는데. 부모가 예전과 다른 태도와 반응을 보인다면 어떤 생각이 들까?

긍정적인 피드백이 돌아오지 않는 것 하나만으로도 자녀는 내 부모가 달라졌다고 생각하기에 충분하다.

미운 3살

언어는 유아기 자녀에게 새로운 세상이다. 그저 '엄마', '아빠'라는 아주 단순하고 귀에 익숙한 단어를 입 밖으로 내뱉었을 뿐인데 부모는 세상을 다 얻은 것 같은 환한 미소로 반응한다. 부모의 이러한 미소는 자녀에게 충분한 만족감을 전달한다. 하지만 단순한 단어를 습득하는 것을 넘어 소통이 가능한 정도의 어휘력을 갖게 되면 자녀나 부모나 이상하게 피곤해진다.

"누워있을 때가 좋을 때야. 걷고 말하기 시작하면 골치 아파져. 좋은 시절 다 갔네."

이제 막 "엄마!", "아빠!"를 말하기 시작한 자녀를 둔 부모가 주변에 자랑을 늘어놓을 때, 선배 부모들에게 어렵지 않게 들을 수 있는 조언이다. 그리고 현실에서 이 말은 절대 틀리지 않은 뼈 때리는 충고로 남게 된다.

왜 아이들이 말하기 시작하면 골치가 아플까? 그리고 누구의 골치가 아픈 것일까?

부모는 아이가 말을 시작하면서 골치가 아파지는 대상이 당연히 부모라 착각한다. 물론 영아기 때 울음과 웃음으로 의사를 전달하던 자녀가 말을 배우면서 몸이 아닌 언어를 통해 욕구를 해소하는 과정에서 언쟁이 벌어지기도 하고 시끄러워지기도 한다. 하지만 잘 생각해 보면 자녀가 말하기 시작하면서 골치가 아픈 것이 아니라 언쟁 때문에 골치가 아파지는 것이다. 언쟁의 책임은 부모와 자녀 모두에게 있다고 볼 수 있지만, 이것 역시 부모의 책임이 조금 더 크다. 영아기 자녀의 일방적 통보에 긍정적으로 반응하던 부모는 언어를 통한 소통에서는 다른 태도를 보인다. 쌍방 소통을 하기 시작하면서부터 부모는 자녀에게 제약을 두기 시작한다. 부모의 달라진 태도에 자녀는 당황스러울 수밖에 없다. 상황을 자세히 들여다보면 꼭 부모만 골치 아픈 상황이 아니라는 것을 알 수 있다.

자녀가 언어소통 능력을 갖추게 되면서 부모와 자녀의 관계가 변화하기 시작한다. 부모는 자녀에게 무조건적 수용이 아닌 제약을 가하고, 자녀는 대화에 적극적으로 참여하고 자기의 필요와 느낌, 생각을 표현하며, 부모의 질문이나 의견에 응답하게 된다. 영아기 자녀는 부모의 일방적인 반응과 태도를 그저 수용하기만 했다면 유아기 자녀는 수용과 거부를 분명히 표시하며 자신의 목소리를 더욱 선명하게 한다. 이로 인해 부모와 자녀 사이에는 '언쟁'이라는 새로운 피로감이 생겨난다.

자아 형성 단계에 들어선 자녀는 자신의 의견이 부모에게 받아들여지지 않고 오히려 제지를 당한다면, 소통을 지속하기보다는 떼를 쓰는 것이 더 효과적이라는 것을 몸소 경험하게 된다.

언어, 무엇에 쓰는 물건인고?

사전에서 언어의 뜻을 찾아보면 '생각이나 느낌을 나타내거나 전달하기 위해 사용하는 음성, 문자 따위의 수단'이라고 설명하고 있다. 우리는 삶 속에서 언어의 중요성과 언어가 가지는 힘을 어렵지 않게 느낄 수 있다. '언어'가 부모 자녀 간 소통의 핵심임을 굳이 강조할 필요는 없을 듯하다.

언어나 소통과 가장 밀접한 교과목이 '국어'가 아닐까 생각한다. 20년 가까이 고등학교 현장에서 국어를 가르치며 첫 시간에 매번 두 개의 질문을 던진다.

"국어가 대체 무엇이기에 학교 교육과정 12년 내내 국어라는 교과목을 배울까?"

"소통이란 무엇인가?"

두 개의 질문에 여러분도 답을 내려 보길 바란다. 아마 답하는 것이 생각보다 쉽지 않을 것이다. 첫 번째 질문에 내가 만난 다수의 학생이 내놓은 답은 "우리나라 말이니까."이다. 이 대답은 사실 절반도 맞지 않는 답이다. 국어가 그 나라의 말을 배우는 것이고 언어가 도구 교과(다른 과목을 학습하기 위해 기본적인 수단이 되는 교과)의 성격을 포함하고 있기에 중요한 것은 맞지만 그것뿐이라면 12년 동안 국어를 배워야 할 이유로는 타당하지 않다.

다음으로 많이 나오는 대답이 "말을 잘하기 위해서."다. 나는 고개를 끄덕인다. 말을 잘하는 것은 매우 중요하고 12년 동안 국어 교과를 배우는 것에 대한 이유로 어느 정도 타당성도 있다. 그러면 나는 새로운 질문을 던진다.

"말은 왜 하는 것일까?"

이 질문을 하면 학생들은 나를 이상하게 쳐다보며 자신 있게 대답한다. "자기 생각이나 느낌을 전달하기 위해서요." 그러면 나는 학생들을 빤히 쳐다보며 다시 묻는다. "정말 그게 다야?" 학생들은 내 질문에 혼란스러워한다. 내가 다시 질문을 던졌다는 건 그 답이 시원찮기 때문이라는 걸 직감으로 알아채기 때문이다. 그리고 고민 끝에 내놓은 답은 "소통하기 위해서."이다. 나는 고개를 끄덕이며 두 번째 질문을 던진다.

"그래서 소통이 뭔데?"

이 질문에는 정말 다양한 답이 나오지만, 이야기를 주고받는 것을 소통이라고 생각하는 학생들이 대부분이다. 그럼 나는 한 학생을 콕 집어 말을 건넨다. "○○○ 학생 나가!" 나에게 나가라는 말을 들은 학생은 당황한다. 일단 "네!" 혹은 "네?"라고 대답하고는 어찌해야 할지 망설인다. 나는 모든 아이에게 다시 묻는다. "나는 ○○○ 학생에게 밖으로 나갈 것을 권했고 전달했으며, 학생은 어쨌든 대답했습니다. 그럼 우린 이야기를 주고받았으니 소통을 한 것인가요?"

학생들은 정확한 이유를 설명하지 못하지만, 직감적으로 소통이 아니라는 것을 눈치챈다. 눈치를 통해 소통이 아니라는 것은 알았지만, 이유를 모르니 소통이 무엇인지에 대한 답을 내릴 수 없다.

마음에 드는 이성에게 고백하는 이유는 무엇일까? 단순히 나의 마음을 전달하기 위해서? 당연히 아닐 것이다. 물론 오랫동안 혼자 끙끙 앓다가 마음을 전달했다면 그것만으로 만족했다고 말할 수 있겠지만 잘 생각해 보자. 정말 그것만으로 만족할 수 있겠는가? 그것만으로 당신의 고백 이유를 충분히 설명할 수 있겠느냐 말이다. 결국 우리가 소통한다는 것은 각자가 가지고 있는 목적을 달성했을 때 의미가 생기는 것이다.

우리는 매일 말을 한다.
조금 야속하게 들릴지도 모르겠지만
우리가 말을 하는 데는 분명한 목적이 있다.

같은 생각을 끌어내거나
무엇인가를 얻어내거나
어떤 문제 해결하기 위해서 일 수 있다.

그것이 무엇이든 간에
우리는 분명한 목적을 가지고 말을 하며
말을 잘하기 위해
상황을 파악하고
단어를 선별하며
상대방의 이야기에 귀를 기울이는 등
많은 고민과 시간을 들인다.

말을 잘하는 것은 매우 중요하며
그것 하나만으로도
우리가 국어를 교육과정 속에서
12년간 배울만한 가치가 충분하다.

자녀의 언어

"대체 우리 아이가 왜 이렇게 막무가내인지 알 수가 없어요.
고집이 너무 세고 한번 짜증을 내면 멈추질 않아요."

상담 과정에서 7살 남아 자녀를 둔 내담자는 하소연하듯 말을
건넸다. 내담자의 감정은 속상함을 넘어 화가 나 보였다. 나는 상
황에 관해 정확히 묻지 않았지만, 내담자의 마음을 어느 정도는
이해할 수 있었으며 이러한 상황에 한두 번 맞닥뜨린 것이 아님을
알고 있었다.

"목소리를 높이시거나 단호하게 거절하셨을까요?"

"아니요. 충분히 상황을 설명하고 타일러도 도무지 말을 듣지 않아요. 제 아이가 유독 심한 것 같은데 왜 그럴까요?"

말을 이어가는 내담자는 계속해서 답답함을 내보였다. 나는 생각하는 척하며 한동안 내담자를 바라보기만 했다. 내담자의 생각처럼 자녀가 유독 고집이 센 것일 수도 있지만 사실 그 시기의 자녀들은 원래 고집이 세고 막무가내일 수밖에 없다.

유아기 자녀의 언어는 '목적에 충실한 말하기'이다. 그러므로 이때 자녀의 언어는 매우 담백하고 명료하다. 이제 막, 말을 배우기 시작한 자녀는 오직 자신의 목적을 달성하기 위해 직선적으로 말한다. 자녀는 부모의 사랑을 확인하거나 원하는 것을 얻기 위해 말하고 부모가 그에 합당한 반응을 보여 줄 것을 기대한다. 이것이 유아기 자녀가 생각하는 소통이다. 오로지 자녀는 자신의 요구가 충족되었는가 그렇지 않은가만 중요하다. 그러므로 자녀는 자신의 요구를 거절당했을 때 고집을 피우거나 생떼를 쓰는 것이 어찌 보면 당연한 반응이다. 생떼 말고 달리 반응할 방법을 모르는 측면도 있다. 그러니 부모는 자녀의 이러한 반응을 너무 나무라지 말고 천천히 다른 방법으로 반응할 수 있도록 유도해야 할 것이다.

"제가 설거지를 하거나 집안일을 하고 있는데, 자꾸만 본인의 요구를 관철하려고 해요. 그렇다고 제가 아이의 요구를 무시하는 것도 아니고 충분히 상황을 설명하고 알아듣게 타일러도 도무지 멈추질 않아요. 왜 이렇게 눈치가 없는 걸까요?"

상담하는 내내 내담자는 답답함이 풀리지 않는 듯했다. 내담자는 책도 많이 보고 다른 부모들과 교류도 많아 다양한 방법을 시도하는, 자녀 교육에 진심이고 최선을 다하는 사람이었다. 그런 내담자의 성향에 비추어 볼 때, 답답함을 느낄 수도 있겠다는 생각이 들었다. 상담이 진행되면 될수록 내담자는 '네가 잘 몰라서 그래. 네가 직접 한 번 키워 봐. 내 아이는 평범한 아이와 다른 것 같으니 좀 더 특별한 해결책을 제시해 봐.'라고 나를 다그치고 있었다.

'눈치'란 남의 마음을 그때그때 상황으로 미루어 알아내는 것이다. 그런데 미루어 알아내려면 상황에 대한 경험이 필요하다. 아주 단순히 살아 온 시간만 비교하더라도 부모와 자식은 최소 20년 이상의 경험 차이가 존재한다. 어떻게 자녀가 부모의 바람대로 척척 눈치껏 행동할 수 있단 말인가? 이것은 부모의 욕심이며 자녀에게 너무 어른스러운 모습을 요구하는 것이다. 자녀에게 부모의 상황 설명과 타이름 따위는 안중에도 없다. 다시 한번 말하지만, 자녀의 말하기는 자신의 욕구를 충족할 수 있는가 없는가에만 관심이 있다.

그런 자녀에게 부모가 대화 과정에서 "엄마가 지금 설거지하고 있잖아.", "엄마 지금 일하고 있는 거 안 보이니?"라고 말하는 것은 타이름이나 설득이 아니다. 이는 모두 주어가 부모인 말하기이다. 즉 자녀에게는 부모가 자기 입장을 변명하는 말로밖에 들리지 않는다. 부모가 이러한 말하기를 하는 이유는 자녀의 입장이 아니라, 부모 입장을 앞세우기 때문이다. 사실 아이의 요구를 들어주지 못할 상황이라는 게 그리 많지 않다. 설거지나 집안일은 당장 끝내지 않으면 큰일날 것들은 아니다. 그럼에도 불구하고 일을 마무리 짓고 아이와 시간을 보내는 것이 더 현명하다고 생각한다면 아이가 주어인 말을 건네 보자.

"우리 ○○이가 엄마랑 놀고 싶은데 아직 설거지가 남았네."

"아들이 궁금해서 질문을 했을텐데, 엄마의 대답이 길어질 것 같아. 아들은 어떻게 했으면 좋겠어?"

아는 만큼 보인다는 말이 있다.
부모와 자녀의 지식 차이는 엄청나다.
이제 막 언어를 배우고 실천하는 자녀와
산전수전 다 겪은 부모의 경험이 같다고
그 누가 생각할 수 있겠는가?

그럼에도 불구하고
부모는 자녀가 자기를 이해해 주길 심심치 않게 바란다.

자녀는 부모가 평생을 사랑하고 이해해야 하는 대상이지
부모의 입장을 이해시켜야 할 대상이 아니다.

부모의 언어

국어 교과에서 문법에 관한 내용 중 문장 종결 유형이 있다. 국어의 문장 종결 유형에는 평서문, 의문문, 명령문, 청유문, 감탄문이 이에 속한다.

평서문은 보통 설명할 때 자주 사용하는 문장이다. "엄마 지금 집에 가고 있어."등과 같이 말하는 이의 상황이나 생각을 전달할 때 사용한다.

의문문은 무엇인가를 묻는 것으로 "밥 먹었어?"와 같이 "네." 혹은 "아니오."로 답할 수 있는 닫힌 질문부터 "점심에 뭐 먹을래?"와 같이 다양한 이야기를 풀어낼 수 있는 열린 질문이 있다.

명령문은 "공부해라.", "씻어." 등과 같이 상대방에게 어떤 행동을 하도록 강하게 요구하는 문장이다.

청유문은 "책 읽어 보자.", "밥 먹자."와 같이 듣는 이에게 어떤 행동을 함께할 것을 요청할 때 사용한다.

마지막으로 감탄문은 감정이나 느낌을 표현한다.

그렇다면 아래 네 가지 질문에 답을 생각해 보자.

1. 평소에 어떤 문장을 가장 많이 사용하는가?
2. 자녀에게 가장 많이 사용하는 문장은 무엇인가?
3. 평소 어떤 문장을 가장 적게 사용하는가?
4. 자녀에게 가장 적게 사용하는 문장은 무엇인가?

부모가 평소에 가장 많이 사용하는 문장의 유형은 평서문일 것이다. 어떠한 상황을 알리거나 전달을 위한 진술 문장이기 때문에 업무 중 많이 사용한다. 그리고 가정에서 자녀와의 대화 속에서도 평서문을 가장 많이 사용한다고 생각한다.

과연, 정말 그럴까?

영아기 자녀를 둔 부모라면 당신의 생각이 맞다. 영아기 부모는 자녀에게 끊임없이 말을 한다. "이것은 사과라고 해. 사과는 빨간색과 초록색 사과가 있고 품종에 따라 단맛이 강한 것이 있고….", "오늘 우리 OO이 기분이 어때? 좋아~. 오늘 엄마/아빠는 기분이 참 좋아. 엄마/아빠가 말이야 회사에서….."등과 같이 자녀에게 당장 필요하지 않은 말을 수없이 건넨다. 하지만 유아기 이후 자녀에게 부모는 평서문을 잘 사용하지 않는다. 유아기 자녀에게 부모가 건네는 평서문은 매우 중요하다. 부모가 전달하는 말을 알아듣기 시작한 자녀는 부모의 말을 통해 정보를 얻는다. 부모가 알아듣지도 못하는 영아의 자녀에게 했던 것처럼 유아기 이후 자녀에게도 회사에서 무슨 일이 있었는지 기분 상태는 어떠한지 등을 평서문으로 전달한다면 자녀는 거부감 없이 자연스럽게 받아들일 것이다. 이를 통해 자녀는 부모의 상태를 파악하고 이해할 수 있게 된다.

하지만 안타깝게도 유아기 이후 자녀에게 부모가 가장 많이 하는 문장 종결 유형은 명령문이다. 가만히 생각해 보자. 오늘 당신은 자녀에게 얼마나 많은 명령문을 남발했는가?

앞의 그림 속에 수없이 많은 말 중에 단 7문장만을 적었다. 당신은 어제, 오늘 자녀에게 위와 같은 말을 한 적이 있는가?

명령문은 앞에서도 설명했듯이 상대방에게 어떤 행동을 하도록 강하게 '요구'하는 문장이다. 부모가 자녀에게 무엇인가를 요구하기 이전에 부모는 자녀의 요구에 얼마나 귀 기울였는지 또한 얼마나 자녀의 요구에 부응했는지부터 생각해 보아야 할 것이다.

이제 세 번째, 네 번째 질문에 관해 이야기해 보자. 자녀에게 평소 일상생활에서 가장 적게 사용하는 문장 유형은 감탄문일 것이다. 별것 아니라고 생각하는 감탄문은 사실 소통에서 가장 중요한 문장 유형이다. 내가 이런 말을 하면 사람들은 평범한 일상에서 감흥을 크게 불러올 것이 많지 않은데 감탄사를 쓸 일이 뭐가 있냐고 오히려 반문한다. 맞다. 감탄사가 큰 반향을 불러오는 감정에서 터져 나오는 것이라면 그 말이 백번 맞다. 하지만 이것은 우리가 감탄사를 너무 과대하게 포장하기 때문에 생기는 오해이다. 감탄문은 말 그대로 감정이나 느낌을 표현하는 것이다. 돌이켜 생각해 보면 영아기 자녀에게 부모는 하루에도 수십 번씩 감탄문을 사용했다.

"아이고 우리 아기 기분 좋아요!", "예뻐라!", "사랑해!"

어제보다 자녀가 훨씬 더 예뻐졌는가? 어제보다 월등히 자녀의 기분이 좋아 보이는가? 어제와는 비교할 수 없을 만큼 자녀에 대한 사랑이 커졌는가? 별다른 것 없는 일상과 특별하지 않은 감정에도 부모는 자녀에게 끊임없이 감정을 전달했다. 그런데 어느 순간부터 부모는 자녀에게 더이상 감정을 표현하지 않는다.

또 하나, 우리가 감탄문을 잘 사용하지 않는 이유는 본인의 감정 상태를 명확하게 파악하지 못하고, 감정 표현의 단어들을 잘 모르기 때문이다. 감정을 표현하는 단어의 개수를 명확히 할 수는 없지만, A 대학 논문발표에 의하면 흔히 쓰는 단어만 430여 개나 된다고 한다. 아래 빈칸을 감정 단어로 스스로 채워보고 자녀에게도 물어보자.

슬픈	화난	짜증나는	좋은	싫은

감정을 표현하는 단어를 다 채웠는가? 그렇다면 다 채우는 데 얼마의 시간이 소요됐는가?

부모와 자녀가
서로의 감정을 주고받는 것은 매우 중요하다.
감정 교류만큼 소통을 원활하고 깊이 있게 하는 것은
흔치 않다.

상황에 대한 부모의 감정도 좋고
별 시답지 않은 지금의 기분을 전해도 좋다.
그러한 부모의 감정 표현은
자녀에게 상황과 사실을 전달하고 공감을 일으킨다.

공감은 타인을 이해하는 핵심이다.

부모의 적절한 감정 표현은
명령이나 청유보다 효율적인 소통 방법이 될 것이다.

그래서 다음은?

"선생님. 그건 저도 알죠. 선생님 말씀이 맞아요. 선생님 말씀을 들으니 반성하게 되네요. 그럼, 이제 제가 어떻게 해야 할까요?"

상담자는 경청의 시간과 공감의 시간을 통해 내담자의 문제를 정확히 이해하게 되면 조언의 시간과 맞닥뜨린다. 특히 말하기 태도에 관한 조언은 내담자의 반박을 불러올 수 있기에 매우 조심스럽다.

"밥상을 차려 놓았는데 관심도 없이 자기 할 일만 하는 아이를 어떻게 명령문을 사용하지 않고 밥을 먹게 할 수 있죠?"

먼저 내담자의 호소에 격하게 공감한다. 그럼에도 불구하고 나는 명령문이 아닌 다른 문장 유형을 제시한다. 내가 제일 먼저 제시하는 문장 유형은 평서문이다.

"엄마/아빠가 우리 ○○이랑 같이 맛있게 밥 먹으려고 달걀 프라이도 하고 고기도 굽고 소시지도 만들었어."

자녀에게 어떠한 행동을 요구하는 명령문 대신, 상황을 알려주고 설명하는 평서문을 사용할 것을 권한다.

"밥 준비하는 거 뻔히 봤고, 분명히 준비하는 동안 밥 먹을 거라고 얘기했는데 그렇게까지 친절하게 말해야 하나요? 한두 번도 아니고 정말 짜증 나요."

짜증이 나는 것은 당연하다. 그렇기에 더더욱 평서문을 사용해야 한다. 부모의 명령은 자녀와의 언쟁으로 번질 가능성이 크다. 만약 평서문 사용이 낯간지럽거나 도저히 화가 나서 사용하지 못할 것 같다면 청유를 권장한다.

"○○아. 밥 준비가 다 됐는데 같이 먹을까?"

이렇게 말하면 많은 부모님들은 반사적으로 한숨을 내쉰다. 그

한숨에 얼마나 많은 의미가 담겨 있는지 다 헤아릴 수는 없지만 이유는 대충 알 수 있다.

"안 해 봤겠어요? 다 해 봤지요. 그래도 안 되는 걸 어떻게 합니까!"

나는 그럴 때 조용히 고개를 끄덕이며 이렇게 말한다.

"해 보셨겠지요. 하지만 그게 한두 번 해서 되는 거라면 지금 학부모님께서 이렇게 저를 찾아오시진 않으셨겠지요."

조금 잔인한 말이지만 될 때까지 무한 반복이란 말은 자녀를 공부시킬 때만 쓰는 말이 아니다.

마음가짐부터 바꿔야

1년을 계획했다면 농사를 짓고,

10년을 계획했다면 나무를 심고,

100년을 계획했다면 교육을 해라.

흔히들 교육을 '100년지대계'라고 말한다. 이 말의 뜻을 정확히 정의할 수는 없지만 대부분 한 번쯤 들어보았을 것이고 대충의 의미는 알고 있을 것이다. 하지만 이 말을 가슴에 담고 실천하는 학부모는 그리 많지 않으며 그러기가 쉽지 않다는 걸 나 또한 인정한다.

'VUCA'라는 단어가 있다. 다소 생소할 수 있는 이 단어는 변동

성(Volatility), 확실성(Uncertainty), 복잡성(Complexity), 모호함(Ambiguity)의 영문 머리글자를 따 만든 용어이다. 미래 예측이 불가능할 정도로 빠르게 급변하는 오늘날의 사회 즉 '초고속 사회'를 일컫는 단어이다.

오늘날의 세상은 모든 것이 빠르다. 과거에는 10년이면 강산이 변한다는 말이 있었지만, 요즘은 불과 1~2년 사이에도 강산이 변한다. 인풋과 아웃풋이 어느 때보다도 빠른 요즘, 기다림은 효율성이 떨어지고 미련한 짓인 것처럼 느껴진다. 하지만 나는 여전히 서두에 적힌 말의 의미를 믿는다. 농작 기법이 다양해졌다고 해도 농사는 기다림이다. 오랜 시간 농사를 짓는 사람들에게 물으면 실패한 귀농인들의 대부분이 기다림을 모르거나 기다릴 여유가 없어 중도에 포기한다는 대답을 어렵지 않게 들을 수 있다.

벼는 전 세계 인구의 절반 이상이 주식량으로 삼고 있을 정도로 많은 곳에서 재배되는 한해살이 식량작물이다. 한해살이 작물이다 보니 품종, 날씨, 관리 등에 따라 성패가 좌우된다고 생각하겠지만 못지않게 중요한 것이 토양이다. 토양의 상태는 쌀의 성장과 생산성에 직접적인 영향을 미친다. 벼가 땅속 깊이 뿌리를 내려 충분한 영양소를 흡수할 수 있는 비옥함을 갖추어야 한다. 땅의 상태는 해충과 질병 번식에도 영향을 미친다. 벼가 잘 자라기 위한 생태적 환경의 땅이 되려면 보통 3년 정도의 시간이 걸린다고 한다. 이처럼 벼를 잘 키우기 위해서는 농작물뿐만 아니라 그것을 키워내는 땅을 위한 시간과 기다림도 필요하다.

이와 마찬가지로 자녀교육에서 자녀 자체의 변화가 제일 중요하겠지만, 자녀를 교육하는 부모의 변화도 못지않게 중요하다는 사실을 또 한번 깨달았다. 부모의 기다림과 자발적 변화는 자녀를 좀 더 튼튼하고 건강하게 성장시키는 원동력이 될 것이다.

농작물에 관한 이야기를 하나 더 꺼내 보자. 농작물 재배는 시기와 방법 등 일정한 지침을 가지고 있다. 하지만 수년의 경험을 통해 예측 가능한 농작물도 외부 환경에 의해 다양한 변수가 발생한다. 그런데 자아를 가진 예측 불가능한 자녀를 부모의 의도대로 양육하는 것이 가능할까?

좋은 부모가 되기 위한 첫걸음은 마음가짐을 바꾸는 것이다. 우리가 이미 알고 있는 당연한 사실을 인정하고 실천해야 한다. 모든 것에는 때가 있다. 좋은 육아 방법을 활용해 자녀를 훈육한다고 해서 자녀 성장의 때를 부모가 정할 수 있는 것이 아니다. 그 때는 부모의 판단이 아닌, 자녀의 상황을 보고 결정해야 한다. 그리고 믿음을 가져야 한다. 부모가 해야 할 일은 자녀 성장에 올바른 영향을 미칠 수 있다고 믿는 방법을 꾸준히 반복적으로 실천하고 기다려 주는 것이다.

나는 내 자녀 양육에도 그리고 나를 찾는 많은 부모에게도 기다림을 강조한다. 기다림은 넋 놓고 시간을 보내는 것이 아니라 나의 끊임없는 인풋에 대한 인내이고 인고이다. 그 시간을 부모가 견딜 수 있을 때 자녀는 아웃풋을 내놓을 것이다.

자녀교육에 정답은 없다.
자녀교육을 손 놓고 포기하는 부모도 없다.

포기할 수 없으므로
부모는 늘 조급해진다.

조급함의 이유는 자녀를 믿지 못해서라기보다
실은 자신을 믿지 못해서이다.

내 양육 방법에 관한 결과 확인을 위해
자녀의 아웃풋을 바라서는 안 된다.

모든 것에는 때가 있다.
또한
그 때를 부모가 정할 수 있는 것이
절대 아님을 부모는 인정해야 한다.

사랑의 매

기다림에 관한 생각을 나의 경험으로 얘기해 보려고 한다. 학교에서 학생들을 가르치는 교사가 어떤 경험을 통해 성취감을 얻는지 생각해 본 적이 있다. 흔히들 교사는 사명감으로 일한다고 말한다. 하지만 교사도 직업의 일종이기에 업무를 통해 성취감을 고취하고자 노력하며 다양한 측면에서 성취감을 얻는다.

근본적으로 교사의 성취감은 학생들의 성장 및 성공을 통해 얻을 수 있다. 교사는 학생들이 새로운 개념을 이해하고, 도전을·극복하고, 목표를 달성하는 것을 보며 깊은 만족감을 느낀다. 하지만 안타깝게도 이러한 성장 및 성공의 결과는 초·중·고 교사들이 즉각적으로 얻을 수 있는 것이 아니다. 의무 교육과정을 마치고 상급 교육과정까지 마친 후 더 성장해야 알 수 있는 것이다. 그렇기 때문에 설령 내가 가르쳤던 제자가 성공했다고 해도 그것이 교사 본인의 성취감으로 다가오기란 쉽지 않다. 그렇다면 교사가 학교생활을 통해 얻을 수 있는 가장 직접적인 성취감은 무엇일까?

아마도 직접 눈으로 확인할 수 있는, 당장 학생의 삶에 미치는 영향을 확인했을 때가 아닌가 싶다. 교사는 종종 직접적으로 학생들의 삶에 관여하며 영향력을 행사한다. 교사는 학생에게 영감을 주고, 동기를 부여하고, 힘을 실어줄 기회를 제공한다. 하지만 그것이 늘 눈앞에서 결과를 만들어 내는 것은 아니다.

약 십여 년 전(학생 인권이 강조되기 전)의 일이다. 유난히 학생들에게 엄격하고 때로는 매를 들기도 하는 후배 교사가 있었다. 어느 날, 후배 교사의 엄격한 기준과 매가 한 학부모에게 문제가 돼 학교를 발칵 뒤집어 놓았다. 후배 교사는 징계를 받았고 그 일로 힘들어하다 교사직을 그만두고 말았다. 참 안타까운 일이었다. 여기서 내가 안타까워한 것은 후배 교사가 교사직을 그만두게 된 결과가 아니라 그만두기로 한 결심에 있다.

"잘못된 학생을 가르치고 교육하는 것은 교사의 본분 아닙니까? 매를 들었다는 것을 정당화할 수는 없지만 분명한 기준을 제시했고 그에 따라 합의된 범위 안에서 매를 든 것인데, 왜 제가 징계를 받아야 하는지 도저히 이해할 수 없습니다."

둘이 마주 앉은 사석에서 후배 교사는 연신 술잔을 기울이며 울분을 토했다. 후배 교사는 나름의 생각을 가지고 억울함을 표했지만, 미안하게도 나는 그를 위로할 수 없었다. 나는 위로를 대신해 몇 가지 질문을 던졌다.

"합의된 범위 안에서 든 매라는 주장에서 합의는 누구와 누구의 합의를 의미하는 거지?"

후배 교사는 말 같지도 않은 질문을 던지냐는 표정으로 당연히 학생과 자신의 합의라고 대답했다. 그래서 나는 다시 물었다.

"정말 합의가 맞아? 혹시 합의가 아닌 동의는 아니었을까?"

후배 교사는 고개를 갸웃거리며 같은 의미 아니냐며 질문의 의도가 뭐냐고 성질을 냈다. 정말 후배 교사의 말처럼 합의와 동의는 같은 뜻일까? 이 책을 읽고 있는 부모님들도 그렇게 생각하는지 묻고 싶다.

그가 동의한다는 듯 고개를 끄덕였다.
그가 합의한다는 듯 고개를 끄덕였다.
치열한 협상 끝에 합의에 이르렀다.
치열한 협상 끝에 동의에 이르렀다.

합의와 동의가 같은 의미를 가진다면 두 단어를 바꾸어 써도 어색함이 없어야 한다. 첫 번째 문장은 자주 사용하는 문장이고 자연스럽다. 하지만 두 번째 문장은 어색한 정도가 아니라 틀린 문장으로 보인다. 세 번째 문장 역시 자주 사용하는 문장이고 자연스럽지만, 네 번째 문장은 '치열한 협상 끝에 동의를 끌어냈다.'라고 하는 편이 자연스럽다. 합의와 동의가 같은 의미 같지만, 우리는 문장 안에서 다르게 사용하고 있다.

그렇다면 후배 교사는 학생들과 합의를 한 것일까? 학생들에게 동의를 끌어낸 것일까? 동의를 끌어낸 것이라고 한다 해도 또 다른 문제가 발생한다. 동의 과정에서 교사와 학생 간의 서열이 작용하지 않았다고 볼 수 있을까? 유난히 학생들에게 엄격한 교사의 제안을 학생들은 거부하기 어려웠을 것이다. 그런 것까지 복잡하게 따지냐고 말할 수도 있겠지만, 결국 학생이 자발적으로 동의하지 않았기 때문에 매에 대한 이의를 제기한 것이고 그것이 문제가 된 것이다.

교사와 학생 간의 합의든 동의든 내가 후배 교사에게 진짜 묻고 싶은 중요한 질문은 다음에 있다.

"왜, 기준에 어긋남의 대가가 매였는가?"

후배 교사는 매밖에 방법이 없었다고 당당하게 말했다. 설득, 경고, 혼내기까지 모든 것을 다 적용했지만 고쳐지지 않아 어쩔 수 없이 매를 들었다며 짜증 섞인 반응을 보였다. 그래서 나는 다시 물었다.

"왜, 매였는가?"

후배 교사는 나의 질문에 핵심을 파악하지 못하고 버럭 화를 냈다. 자신은 충분히 다른 방법을 사용한 후 최후의 수단으로 매를 들었고 많은 학생이 그 이후로 태도가 변했다면서 왜 한 학생만 보고 자신이 매를 든 것을 잘못이라고 말하냐며 역정을 냈다. 나는 매가 윤리적인 방법인가를 돌려 물은 것이 아니다. 질문 그대로 왜 최후의 수단으로 매를 들었는가를 묻는 것이었다.

그것은 아마도 매가 변화를 이끌 수 있는, 눈에 보이는 가장 효율적인 방법이었기 때문일 것이다. 물리적 힘은 학생과 교사 사이의 두려움을 만들어 설득·경고·이해·배려 등의 무한한 인내와 기다림을 필요로 하는 것보다 즉각적인 태도 변화를 가져올 수 있다. 그리고 교사는 자신의 눈앞에서 변화한 학생을 보며 성취감과 자긍심을 느낀다.

하지만 체벌이 교육적 효과를 보이지 못한다는 연구 결과는 너무나도 많아 구체적으로 나열할 필요성을 느끼지 못할 정도다. 그럼에도 불구하고 교사뿐만 아니라 부모도 여전히 편의의 경험을 바탕으로 체벌을 가하고 있으며 때때로 효과적이라 생각하고 있다. 인권이 보편화된 현대 사회에서 여전히 매가 그 실효성을 보이는 데에는 자녀 혹은 학생의 근본적인 변화와 상관없이 가시적 변화에 집중하는 '초고속 시대'의 단면이 아닐까 생각해 본다.

기다리는 것은 확실히 인내와 인고의 과정이며 때로는 불편한 경험이 될 수 있다. 하지만 기다림 속에는 무한한 애정과 변화할 것이라는 학생 혹은 자녀에 대한 교사와 부모의 믿음이 담겨 있다. 또한 이 과정이 학생이나 자녀를 위한 일인 것 같지만 결국은 교사와 부모를 위한 일이 된다. 모두는 기다림의 과정을 통해 개인의 자기 통제력, 감정 회복력, 그리고 좌절을 견딜 수 있는 능력을 기를 수 있다. 더불어 기다림의 과정은 관계를 강화하며 깊은 유대감을 형성한다. 공동의 목표를 가지고, 지원하고, 격려하며 변화하려는 행동의 경험 공유는 소속감과 공동체 의식을 형성하게 할 것이다.

기다림의 유의미에 관한 이야기를 하기 위해 가정이 아닌 학교의 이야기를 꺼낸 것은 특별한 이유가 있다. 글을 읽어 내려가는 동안 학부모인 여러분은 솔직히 어느 쪽 생각에 가까운가?

학생이 오죽 잘못했으면 교사가 때렸겠어.

VS

학생이 얼마나 잘못했다고 교사가 때려!

기다림은 더디다.
추구하는 결과나 성과를 뒤로 미루는 일이다.

기다림은 어렵다.
기다린다고 해서 추구하는 결과나 성과를
얻을 수 있다는 확실성이 담보되지 않는다.

기다림은 지루하다.
시간의 주관적인 경험은 기다림을 실제보다
더 길고 더 힘들게 느끼게 만든다.

기다림을 불편하다.
좌절, 불안, 실망 등 다양한 부정적 감정을 동반한다.

기다림은 비효율적이다.
시간 낭비나 기회를 놓친 것처럼 느껴질 수 있다.

그럼에도 불구하고
…

위기의 순간

대부분 내담자는 상담을 통해 자녀와 부모 사이를 조금씩 개선해 나간다. 하지만 만족스러운 상담을 이어가던 내담자에게도 위기의 순간은 반드시 찾아온다. 단절된 듯한 부모와 자녀 사이에 어느 정도 대화가 오가고 훈훈한 기류가 흐르면 부모는 공통된 의문에 봉착한다.

"선생님. 선생님 덕분에 아이와 웃으며 이야기를 나눌 수 있게 되어 너무 감사드립니다. 하지만 선생님의 조언에는 분명한 한계가 있어 보여요. 선생님 조언대로 아이를 존중하고 기다렸더니 나쁜 습관이 전혀 바뀌지 않아요."

한두 분이 내게 그런 말을 했을 땐 기다림이 부족하다고 생각했다. 하지만 생각보다 많은 분이 내게 같은 말을 하자 나는 고민에 빠졌다. 정말 내 방법이 잘못된 것일까? 나는 처음으로 돌아가 내 생각을 되짚어 봤다. 그러나 아이를 존중하고 배려하고 평등한 관계의 훈육이 가장 좋은 방법이라는 생각은 조금도 변하지 않았다. 그러던 어느 날 내담자 학부모를 만나고 심각한 고민에 빠졌다.

"선생님. 제가 인터넷을 통해 여러 영상을 보다가 선생님과 반대로 얘기하는 강의를 듣게 됐어요. 그 영상에서는 부모가 아이에게 휘둘리지 말고 권위를 세우라는 내용이었어요. 선생님은 부모와 자녀는 평등하다고 하셨는데, 그 영상에서는 부모와 자녀는 동등하지 않다고 하더라고요. 저도 자녀와 친구처럼 지내는 게 좋은 관계라는 말도 들었지만, 친구가 양육을 할 수 있는지 늘 궁금했어요. 사실 불가능하잖아요. 그 영상을 보고 권위가 없으니, 아이를 바른길로 인도할 수 없고 아이가 부모의 말을 무시하고 결국 부모도 아이를 무시하는 안타까운 상황이 발생하는 것 같다고 생각하게 됐어요."

내담자 학부모의 얘기를 듣는 시간은 나를 매우 불편하게 했다. 불편한 이유야 여러 가지가 있겠지만 아마도 내가 '권위'라는 단어 자체를 싫어하기 때문이었을 것이다. 하지만 자녀 양육에는 정답이 없다. 내가 추구하는 가치가 전적으로 옳다고 주장할 수는 더더욱 없다. 그렇기에 나는 내담자 학부모에게 권위를 세우기 위한 노력을 시도해 볼 것을 권했다. 그리고 나는 철저한 자기반성의 시간에 들어갔다.

권위라는 단어

나를 혼란에 빠뜨린 내담자 학부모와 상담이 끝나고, 나는 나의 모든 생각을 초기화하기로 했다. 가장 먼저 '권위'라는 단어에 대한 견해를 되짚었다. 내가 '권위'라는 단어에 반감을 갖는 이유는 '권위주의' 때문일 것이다. 나뿐만 아니라 많은 사람이 '권위적' 혹은 '권위주의'라는 단어에 호감을 표하지는 않을 것이다. 물론 '권위'와 '권위주의'는 반드시 구분되어야 하는 다른 의미의 단어이다.

- 권위 : 사회구성원들에게 널리 인정되는 영향력
- 권위주의 : 어떤 일에 있어 권위를 내세우거나 권위에 순종하는 태도

'권위'와 '권위주의'를 구분하기 위해 사전적 의미를 찾아보았다. 사전적 의미를 넘어 개인적 의견을 덧붙이자면 권위는 타인이 인정하는 영향력이고 권위주의는 스스로 발동하는 영향력이다. 이는 영향력을 부여하는 주체가 타인인지 본인인지의 차이를 지니고 있다. 권위에 관한 이야기를 할 때 자연스럽게 따라오는 것이 '신뢰'이다. 타인이 인정하는 영향력을 얻기 위해서는 그 권위가 양자 간의 '신뢰'를 바탕으로 이루어진 것이어야 한다. 그래서 '선한 권위'. '도덕적 권위'라는 말을 더하기도 한다. 이렇게 보면 권위가 신뢰에 영향을 미칠 수 있지만, 신뢰는 권위의 정당성과 효과를 위해 필수적인 것이 된다.

부모와 자식 간에 신뢰를 쌓기 위해서는 존중과 공감이 중요하다. 자녀에 대한 존중과 공감은 자녀의 의견, 관점, 자율성을 중요시하는 것이다. 그들의 감정과 경험에 대한 이해와 공감을 보여줬을 때 아이들은 부모를 신뢰할 가능성이 더 높다. 설령 부모가 자녀의 행동이나 태도를 전부 이해할 수 없다 하더라도 이해와 존중을 통한 훈육은 자녀들에게 좋은 본보기가 된다. 부모가 자녀에게 보이는 태도는 부모의 가치관을 자연스럽게 투영할 수 있는 좋은 방법이다.

이해와 존중을 무시하고 일방적인 지시와 명령을 통해 자녀를 훈육하는 부모를 자녀는 과연 신뢰할 수 있을지 생각해 볼 문제다. 자녀의 신뢰가 없는 영향력은 권위가 아닌 권위주의이다. 아마 그 누구도 자녀에게 권위주의적 부모가 되기를 바라지는 않을 것이다.

나는 여전히 '권위를 세우다.'라는 말을 이해하기 어렵다. 아무리 생각해도 권위는 스스로가 발동하거나 세우는 것이 아니다. 타인의 자발적 동의 혹은 인정이 필요한 권위를 위해 노력해야 할 것 역시 상대방에 대한 존중과 이해 말고는 딱히 생각나는 것이 없다.

권위에 도전

　권위와 권위주의에 관한 나름의 정의를 다시 세우고 부모가 자녀 앞에서 권위가 있어야 한다고 주장하는 이들의 의견을 살펴보았다. 부모의 권위가 중요하다고 주장하는 이유는 다양했다. 격하게 동감하는 부분도 있고 그렇게 생각할 수도 있겠다고 이해되는 부분도 있었다. 하지만 그런 것을 고려하더라도 나는 여전히 훈육에서 부모가 권위를 세워야 한다는 것에 동의할 수 없다. 이렇게 말하면 부모가 자녀에게 권위 있는 사람이 되는 것이 나쁜 거냐고 반문하는 사람이 꼭 있다. 당연히 아니다. 부모가 자녀 앞에서 권위를 갖추면 보다 수월하게 훈육할 수 있다. 다만 내가 전달하고 싶은 의미는 부모의 권위를 부모와 자녀 간의 평등보다 더 중요하게 생각하지 않기를 바라는 것이다. 자녀와 친구와 같은 관계를 유지하며 존중하고 이해하려 노력하는 것이 더 중요하다는 것이다.

부모의 권위가 필요하다고 주장하는 이들이 내세우는 이유 중 하나는 훈육과 육아의 효율성 측면이다. 자녀를 훈육하는 것은 매우 힘든 일이다. 부모가 권위를 갖게 되면 자녀 훈육에 수월하다는 것을 나 역시 인정한다. 그러나 권위를 갖춘 부모라 할지라도 부모의 훈육에 자녀가 거부하는 경우는 얼마든지 일어날 수 있다. 만약 그러한 일이 발생하게 된다면, 그때 부모는 어떠한 생각을 하며 어떤 태도를 보일지 매우 궁금하다. 나는 권위를 통해 아이를 훈육하고 만족감을 표하는 내담자 학부모에게 질문을 던졌다.

"아이가 훈육을 따르지 않으면 부모의 권위에 도전한다는 생각이 드시나요?"

권위에 도전하는 느낌이라고 바로 대답하는 학부모도 있었지만, 대부분은 나의 질문에 답하기를 난감해했다. 학부모도 알았을 것이다. 나의 질문에 그렇다고 대답하는 것이 얼마나 모순적인지. 바로 앞에 얘기했듯 권위가 필요하다고 생각하는 사람들조차도 '권위적'이나 '권위주의'에 대해서는 부정적인 편이다. 권위는 내가 아닌 타인이 부여하는 것이니, 그 권위를 부여한 사람이 더 이상 신뢰하지 않거나 믿고 따를 이유가 없다고 생각하면 언제든 거

두어들일 수 있는 것이다. 그것이 바로 자녀의 거부이다.

자녀가 부모의 훈육을 거부하는 것은 부모의 권위에 도전하는 것이 아니라 부모에게 부여했던 권위를 철회하는 것이다. 자녀의 거부에도 부모가 일관된 훈육을 한다면 그것은 '권위'가 아니라 '권위주의'가 되는 것이다.

평등의 착각

"선생님, 저는 부모의 권위가 반드시 필요하다고 생각하지 않습니다. 하지만 아이들에게 휘둘려서는 올바른 교육을 하기가 힘들어 어느 정도 부모의 권위가 필요하다고 생각합니다. 그뿐만 아니라 선생님께서 부모와 자녀는 평등하다고 매번 입버릇처럼 말씀하시는데 저는 그게 도저히 이해가 가지 않습니다."

상담을 위해 찾아온 내담자는 아버지셨다. 평소 상담을 통해 지나치게 권위적이거나 앞뒤가 꽉 막힌 분은 아니라는 인식이 있었기에 내담자의 답답함을 어느 정도 이해할 수 있었다. 그날 나를 찾아온 아버지뿐만 아니라 많은 내담자가 내게 하소연한다. 어떻게 부모와 자식이 평등할 수 있냐고. 나는 그럴 때마다 되묻는다. 왜 부모와 자식이 평등하지 않은지. 이번 내담자에게도 역시나 같은 질문을 던졌다.

내담자는 혹시 자신을 '꼰대'라고 생각하냐고 내게 물었다. 나는 곧바로 아니라고 답했다. 중년 남자 중 기저에 꼰대 기질이 깔리지 않은 사람이 어디 있겠느냐만은 내담자는 타인의 말에 귀 기울일 줄 알며 논리적이며 합리적인 생각을 하는 사람이라고 생각됐다. 내담자와 나 사이에 짧지 않은 침묵이 흘렀다.

"그래도 가족 간에 서열이 존재하잖아요. 다른 국가는 모르겠지만 한국에서는 나이에 따른 자연적인 위계가 있는 것 같은데 어떻게 평등하다고 하시는지."

내담자가 오랜 고민 끝에 입을 열었고, 나는 곧바로 질문을 던졌다.

"서열과 권력이 같은 의미인가요?"

내담자는 나의 질문에 화들짝 놀라며 같은 의미는 아니라고 말했다.

"그럼, 서열과 권력의 차이점은 뭔가요?"

"권력은 남을 지배하는 힘이고 서열은 그냥 나이에 따른 순서 정도 아닐까요? 그러니까 권력과 서열은 다른 것이죠."

"다르다는 의미는 서열에는 남을 지배하는 힘은 없다는 말씀인가요?"

"네."

내담자는 자신 있는 어조로 답했다.

"서열이 어떠한 힘도 가지고 있지 않다면 왜 부모와 자식이 평등할 수 없나요?"

"그러니까 부모는 부모의 위치가 있고 자녀는 자녀의 위치가 있잖아요. 어떻게 평등할 수 있죠?"

나와 내담자는 같은 질문을 서로 반복했다.

"혹시 서열이 위계를 말씀하시는 걸까요?"

"아니요. 서열이 상하를 나누거나 힘을 나타내지는 않습니다. 다만 위치가 다르니 평등하지는 않다는 것이죠."

슬슬 내담자는 자기 말을 내가 알아듣지 못하는 것 같아 짜증을 내기 시작했다. 그래도 나는 질문을 멈출 수 없었다.

"직장에서 사장님과 내담자님의 관계가 불평등한가요?"

"네. 평등할 수가 없죠. 사장과 직원은 직급 관계에 있는데, 평등할 수가 없죠."

"그런가요? 그렇다면 사장이 부당한 지시를 내려도 당연하게 받아들이고 따르시겠네요?"

내담자는 인상을 구기면서도 바로 답하지 못했다.

"분명한 직급의 차이가 있다고 생각하시면서도 부당한 지시는 바로 따를 수 없다고 생각하신다면 직원과 사장의 관계도 평등한 겁니다."

내담자는 나의 말을 전혀 이해할 수 없다는 듯 고개를 갸웃거렸다. 계급이나 서열이 가장 강한 곳이 군대이다. 군대는 상명하복의 체계를 가지고 있다. 상관이 명령하면 하관은 복종한다는 뜻으로 의사 결정을 할 때 윗사람의 결정에 대해 반론을 제기하지 못한다. 그런 의미에서 군대 내 계급 서열은 평등하지 않다. 하지만 일반 회사나 사회생활의 경우 부당한 지시를 받았을 때 우리는 거부할 수 있다. 물론 그에 따른 책임의 몫이 발생하지만, 불평등한 관계는 아니라는 것이다. 그런데도 어딘지 모르게 찜찜함이 남아 있을 수 있다.

"하지만 우리는 결국 상사의 지시를 따를 수밖에 없잖아요. 누군가는 지시하고 누군가는 그것을 실행한다면 불평등한 것 아닌가요?"

내담자의 말에 나는 작게 미소를 지었다.

"평등을 동일과 같은 의미로 사용하고 계시네요. 저는 사장과 직원의 관계가 평등하다고 했지, 동일하다고는 말하지 않았습니다."

다수가 실수하는 부분이다. 생각보다 많은 사람이 평등과 동일을 같은 의미로 생각하고 있다. 사장과 직원의 관계는 평등하지만 동일하진 않다. 사장은 사장의 역할이 있고 직원은 직원의 역할이 있다. 역할에 따라 주어진 권한과 의무와 책임이 각기 다르다. 사장은 회사를 대표하며 계획을 세우고 업무를 지시하며, 직원은 회사의 방향에 따라 그 지시를 충실히 이행한다. 이것이 사장과 직원의 역할이다. 그렇기 때문에 직원이 사장의 지시를 따르는 것이지 사장과 직원의 관계가 불평등해서 어쩔 수 없이 따르는 것이 아니다. 정말 사장과 직원의 관계가 불평등하다면 직원의 역할에서 벗어난 일, 구체적으로 근로계약서에 명시되어 있지 않은 일을 시키더라도 우리는 거부할 수 없다. 하지만 현실은 그런 일을 시키는 사장의 지시를 거부하며 갑질이라는 말로 비난한다. 직급의 차이가 존재하는 사장과 직원의 관계도 평등한데 어떤 직급도 존재하지 않는 부모와 자식 간이 왜 평등하지 않다고 생각하는가?

절대적으로 부모와 자식은 평등하다. 부모는 이 의미를 기저에 깔고 육아를 시작해야 한다. 부모와 자녀는 동일하지 않다. 그렇다고 평등하지 않은 것이 아니다. 부모가 자녀를 보살피고 교육하며 더 많이 이해하고 배려해야 하는 것은 불평등한 관계이기 때문이 아니라 그것이 부모의 역할이기 때문이다. 부모와 자녀의 관계는 평등과 불평등의 문제가 아니라 역할의 차이라는 것을 생각했으면 한다.

교사들 사이의 문제 교사

내가 학부모 상담에서 가장 심혈을 기울이는 것이 부모와 자녀는 평등하다는 인식을 심어주는 것이다. 보통은 내담자의 이야기를 경청하는 시간이 많지만, 평등에 관해서만큼은 예외다. 내가 이토록 부모와 자녀 간 평등을 강조하는 것은 권위가 필요하다고 생각하는 부모의 근본적인 문제를 해결하기 위해서이다.

부모 권위를 주장하는 학부모의 대부분은 자녀에게 반드시 교육해야 할 것이 존재하며 교육을 위해 자녀에게 휘둘리지 않아야 한다고 주장한다. 더 나아가 이들은 설득보다는 명령과 지시가 필요하다고 말한다. 하지만 나는 자녀에게 휘둘리는 이유가 권위가 없어서라기보다는 기준의 불분명함 때문이라고 여긴다. 기준의 문제는 '자녀에게 설득할 필요 없는 반드시 교육해야 할 것이 존재하는가?'라는 질문에서 시작한다.

"그럼 반드시 가르쳐야 할 것이 없단 말이에요?"

학부모는 놀란 토끼 눈을 뜨고 정색했다. 당연히 나 역시 자녀에게 반드시 교육해야 할 것들이 존재한다고 생각한다. 나의 질문에 정확한 의미는 "설득할 수 없는 것들이 반드시 가르쳐야 하는 것의 기준이 될 수 있는가?"라는 것이다.

나는 교사들 사이에서 문제 교사이다. 교사가 바라봤을 때 조금은 삐딱하고, 나는 늘 일상적인 교사의 기준에 의문을 던진다. 예를 하나 들어보자면, 나의 교실은 깨끗하지 않다. 물론 나와 우리 반 학생들이 생각하기엔 적당히 깨끗하다. 하지만 교실에서 수업하는 몇몇 교과목 선생님들께서 나만 보면 교실 청소 좀 하라고 잔소리하신다. 그럴 때마다 나는 멋쩍은 미소로 답을 대신한다. 그런 후 나는 학생들에게 질문을 던진다. 우리 반이 너무 더러워 공부하기가 힘든지, 너희가 선생님이라면 수업하기가 힘들지. 그러면 아이들은 그 정도는 아니라는 반응을 보인다. 담임인 나와 교실의 주인인 학생이 더럽지 않다고 생각한다는 결론을 가지고 잔소리를 건넨 선생님을 다시 찾아 질문했다.

"정말 저희 반이 수업을 못 할 정도로 냄새가 고약하고, 지저분한가요?"

"그 정도는 아니지만 깨끗하지 않은 건 사실이잖아?"

"더러운가요? 깨끗하지 않은가요?"

"깨끗하지 않으면 더러운 거 아닌가?"

"교실이 반드시 깨끗해야 하는 이유는 뭘까요?"

동료 교사는 인상을 쓰며 내 얼굴을 빤히 쳐다봤다.

"무슨 그런 질문이 있어? 당연히 교실은 깨끗해야 하는 거 아니야? 다 같이 쓰는 곳인데 깨끗해서 나쁠 건 없잖아."

선배 교사는 몹시 불쾌한 표정과 짜증 섞인 말투로 말했다.

"깨끗해서 나쁠 건 없지요. 아니 오히려 깨끗하면 좋지요. 그런데 교실이 반드시 깨끗해야 하는 이유는 뭘까요?"

"지금 나랑 말장난하는 거야?"

"아니요. 이유가 궁금해서 여쭙는 겁니다."

"깨끗해서 나쁠 게 없고, 본인도 깨끗한 것이 좋다고 하면서 이유는 왜 물어? 깨끗하면 마음도 편안해지고 공부도 훨씬 잘 되잖아."

"그런가요? 깨끗하면 공부가 훨씬 잘 돼요? 정말요?"

선배 교사는 어처구니없다는 표정을 지으며 대화를 중단했다. 이런 대화를 주고받을 때마다 나는 늘 찜찜함을 느낀다. 정말 깨끗하면 공부가 훨씬 잘될까? 깨끗하거나 지저분한 환경이 공부에 영향을 미칠 수도 있겠지만 교실을 늘 깨끗이 해야 한다는 기준이 될 수 있을까? 그리고 깨끗해서 나쁠 필요가 없으면 반드시 깨끗해야 하는 것일까?

너무 시답잖은 것을 가지고 깊이 생각한다고 생각할지도 모르겠다. 그렇다면 이렇게 생각해 보자. 그 시답잖은 것을 가지고 왜 상대가 싫어하는 잔소리를 하는가? 별것 아닌 것을 상대방에게 계속해서 잔소리하며 강요하는 것은 결국 폭력일 수밖에 없다.

나와 다른 생각을 하는 사람을 움직이게 하려면 설득이 매우 중요하다. 무조건적 지시나 명령은 타인을 행동하게 하지 못한다. 타인을 설득하기 위해서는 나의 의도나 목표를 분명히 하고 상대방의 관점, 욕구, 동기를 먼저 이해해야 한다. 설득은 상대방을 공격해서 무너뜨리는 것이 아니라 상대가 공감할 수 있게 마음을 끌어내는 것이다.

육아에서 우리가 그토록 바라는 교육은 교사 그리고 부모가 알아서 판단하고 결정한 것을 학생이나 자녀에게 일방적으로 지시하고 명령해서 주입하는 것이 아니다. 자녀 그리고 학생은 교육의 대상이자 주체다. 내가 그토록 부모 자녀 관계에서 '평등'을 강조하는 이유가 여기에 있다. 평등해야 올바른 기준을 세울 수 있다. 교육자가 일방적으로 세운 기준이 올바른 기준이 될 수는 없다. 올바른 기준이란 평등한 관계에서 서로 이해하고 설득하는 과정을 거쳐 합의에 이른 것이어야 한다. 그렇게 세워진 기준을 가지고, 교육해야 하는 것이다. 합의된 기준이어야 피교육자가 받아들일 수 있다. 교육은 결국 피교육자의 변화를 이끄는 것인데 피교육자가 거부하는 기준으로 어떻게 변화된 행동을 끌어낼 수 있겠는가.

마음먹고 스스로 하려고 한 일도

누군가가 시키면 하기 싫어진다는 말이 있다.

청유와 합의는 수평적이고 자의적인 데 반해

명령과 지시는 수직적이고 강압적이다.

이유는 간단하다.

자신이 존중받지 못한다고 느끼는데

명령과 지시의 내용이

자신을 위한 것이라는 걸 받아들이지 못하는 것이다.

일방적이란 말은

어느 한쪽으로 치우친다는 것이다.

어느 한쪽으로 치우친다는 것은

기울어진 불완전한 상태라는 것이다.

아무리 좋은 것이라 할지라도

기울어져 넘어지면 무용지물이 된다.

반론, 하나

"선생님, 선생님의 말씀은 너무나 잘 알겠습니다. 하지만 교육과 훈육은 조금 다른 개념 아닌가요? 그리고 어떻게 모든 것을 전부 설득할 수 있습니까? 이해가 가지 않아도 하기 싫어도 해야 할 것들이 세상에는 너무나 많은데요."

내담자가 매우 조심스럽게 물었다. 내담자의 의견은 나를 기쁨과 즐거움으로 가득 차게 했다. 나는 논쟁이 좋다. 엄밀히 말하면 논쟁이 좋다기보다는 나와 다른 의견을 듣는 것을 좋아한다. 나와 다른 의견이 있다는 것은 단순히 다른 것을 떠나 내 생각이 틀릴수도 있다는 가정이 된다. 타인의 생각을 경청하고 내 생각과 비교하는 과정은 나를 성장시킨다. 나는 내담자의 의견을 찬찬히 곱씹었다.

교육과 훈육의 개념은 다르다. 일단 교육은 지식이나 기술에 초점이 맞춰져 있고, 훈육은 품성이나 인성에 중심을 두고 있다. 내 생각에는 교육이 무조건적이고 일방적인 가르침에 보다 가까운 것이 아닌가 싶다. 오히려 품성이나 인성을 가르치는 것은 합의에 가깝다. 품성은 한편으로는 타고나는 것이다. 품성이나 인성을 사회적 문화 혹은 예절이라고 생각한다면 그 역시 사회의 구성원 간 합의와 인정을 통해 조성된 것이니, 이해시키지 못하거나 설득하지 못할 이유가 없다.

하지만 내담자는 여전히 내 의견을 받아들일 수 없다는 표정이었다. 내담자는 사회구성원으로서 사회에 적응하기 위해서는 이해가 되지 않아도 배우고 따라야 하는 것이 있다는 생각이 강했다. 언뜻 생각하면 내담자의 말이 맞다고 생각할 수도 있다. 그런데, 정말 그럴까? 조금만 다르게 생각해 보자. 1980년대 TV에서 방영되는 가요 프로그램에 염색한 가수는 출연할 수 없었다. 노출이 조금만 있어도 징계를 받는 시대였다. 출연 금지와 징계의 이유는 청소년에게 부정적인 영향을 미칠 수 있다는 사회적 판단 때문이었다. 하지만 지금은 어떤가? 말도 안 되는 소리다. 지금의 가수는 다양한 방법을 통해 무대 위에서 자신의 끼를 발산한다.

MZ세대에게 이런 말을 한다면 그런 시대가 있었다는 사실 자체를 오히려 믿지 못할 것이다.

만약 사회 문화나 예절이 무조건 지키고 수용해야 하는 것이어서 따라야 한다면 여전히 염색한 가수는 방송에 출연할 수 없어야 한다. 그런데 그러한 것이 아니기에 누군가는 이러한 사회 문화나 예절에 반하는 생각을 했고 그러한 생각이 점차 커지면서 변화를 가져온 것이다. 내담자의 말처럼 이해가 되지 않아도 마땅히 배우고 따라야 하는 것은 민주주의 사회에서는 존재하지 않는다. 지금의 사회는 자신의 개성을 존중하고 끊임없이 각기 다른 사고들이 충돌하며 그 속에서 일종의 합의를 끌어낸다.

여기까지 이해가 됐다면 다시 질문을 던져보자. 세상에 이해가 가지 않아도 하기 싫어도 해야 할 것들이 정말 존재하긴 하는가? 그동안, 이 질문을 참 많은 내담자나 학부모에게 던졌다. 절반 정도는 답을 하지 못했고, 놀랍게도 절반 정도는 하나의 답을 말했다. 무엇인지 예상할 수 있는가? 그것은 바로 공부다.

학습은 중요하다. 학습이 개인의 성장과 자기 계발에 기여하고 지적 호기심을 키워준다는 두루뭉술한 이야기는 뒤로 하자. 현실적으로 학습 능력은 대학 진학에 상당한 영향을 미치고 직업에 관여한다. 직업은 결과적으로 개인의 소득에 영향을 미친다. 이것은 현시점에서 부정할 수 없는 사실이다. 하지만 싫어도 해야 하는 것은 아니다. 또한 많은 학생이 공부해야 하는 이유를 찾지 못하고 하지도 않는다. 심지어 싫어도 해야 하는 것이라 마지못해 동의하는 학생마저도 공부하지 않는다. 그러나 학습에 노력을 기울이지 않은 학생도 성인이 되면 사회의 구성원으로서 역할을 부여받아 살아간다. 공부가 이해할 수 없어도 하기 싫어도 반드시 해야 하는 것이라면 공부는 성공과 삶의 질 향상에 절대적이어야 하지만, 애석하게도 공부를 잘한 학생이 반드시 성공하는 것도, 그런 학생의 삶의 질이 높은 것도 아니다. 위에서 말한 것처럼 공부를 잘하면 기회가 많아지고 확률이 높아지는, 하면 좋은 것이지만 그렇다고 반드시 해야 하는 것은 아니라는 말이다.

나는 여전히 답을 찾기 위해 스스로 묻고 많은 이들에게 질문을 던진다.

"세상에 이해가 가지 않아도 하기 싫어도 해야 할 것들이 정말 존재하긴 하는가?"

학습 능력이

인생을 절대적으로 좌우하던 시절이 있었다.

하지만 언제부턴가

학습 능력이 인생에서 절대적 기준이 되지 못한다.

세상은 빠르게 변화하고 있으며

그 과정에서 우수한 학습 능력이

반드시 성공을 보장하지 않는다는 사례는 차고도 넘친다.

그럼에도

부모가 여전히 학습 능력을 맹신하는 것은

사실을 알고 있으면서도

다른 대안을 찾지 못해서이기도 하고

다른 대안에 대한 효과가 학습 능력보다 덜하기 때문이다.

그러나

구시대인 부모의 불안과 고집이

새 시대의 주인인 자녀의 행복과 열정을 방해해서는

안 될 일이다.

부모의 양육이 추구하는 궁극적인 목적을

잃지 않기를 간절히 바란다.

반론, 하나

소유가 아닌 점유

"훈육을 위해 최대한 자녀를 설득하고 이해하려 노력합니다. 하지만 그러한 노력을 하면 할수록 이게 맞는지 의심이 듭니다. 부모와 자녀가 평등하다고 이야기했더니 모든 것에서 사사건건 따지고 들고 어떤 상황에서는 타당하지 않은 논리로 억지를 부리기까지 합니다. 그럴 때면 부모와 자녀가 평등한 것이 정말 좋은 것일까 하는 생각이 다시금 듭니다. 자녀를 가르치고 이끌기 위해서는 한계가 있어 보입니다. 어떻게 해야 할까요?"

부모와 자녀가 평등하다는 생각은 받아들이는 것 자체도 쉽지 않지만, 실천하기는 훨씬 힘들다. 가장 큰 문제는 실천 과정에서 다양한 이유로 역할을 위계로 바꿔버리기 때문이다.

자녀 양육에서 부모가 제일 먼저 가져야 할 마음가짐은 '부모'를 내려놓고 '자녀'를 생각해야 한다는 것이다. 하지만 다수의 부모는 자녀가 아닌 부모의 입장에서 모든 것을 판단하고 실천한다. 부모의 입장과 생각을 버리고 모든 것을 백지화한 상태에서 부모의 역할에 대해 다시 생각해 보자.

부모는 자녀의 성장을 위해 의식주를 해결해 주어야 한다. 건강을 관리하며 아이들의 기본적인 필요를 충족시키기 위해 노력한다. 그것은 자녀의 안전을 보장하고 전반적인 성장을 위한 기초가 된다. 또한 부모는 자녀의 정서적 안정과 이끔을 통해 자녀가 안전하고 편안한 환경에서 성장할 수 있도록 해야 한다. 이를 통해 자존감을 키우고 회복 탄력성을 기르도록 도움을 주어야 한다.

'부모'는 아버지와 어머니를 아울러 이르는 말이며, '양육'은 '아이를 보살펴 자라게 한다'는 뜻이다. '육아'의 의미를 살펴보더라도 '어린아이를 기른다'는 의미를 담고 있으며, '기른다'는 '보살펴 자라게 한다'는 뜻이다. 그럼 이제 있는 그대로 보자. '자녀 양육(육아)'은 '아버지와 어머니가 아이를 보살펴 자라게 한다'는 뜻을 담고 있다. 이렇게 보면 부모의 역할이란 자녀가 잘 자랄 수 있도록 환경을 조성하고 그에 필요한 것들을 지원해 주고 인도하는 것이다.

　이렇게 생각하면 그다지 어렵지 않을 일인데 현실은 부모와 자녀 사이에 다양한 문제를 만들어 낸다. 성장하면서 자연스럽게 더 많은 독립성과 자율성을 추구하는 자녀는 통제력을 유지하려는 부모와 충돌한다. 처음에는 어느 정도 균형을 맞추려 서로가 노력하지만, 시간이 흐를수록 부모와 자녀의 갈등은 점점 깊어진다. 여기서 하나 생각해 볼 것이 있다. 거부하는 자녀가 문제인가? 통제하려는 부모가 문제인가?

　통제가 없으면 거부도 없기에 갈등의 실마리를 풀 수 있는 사람은 결국 부모다. 부모의 통제는 자녀의 올바른 변화를 바라는 마음에서 시작한다. 대부분의 통제가 자녀를 위한 것이겠지만 그 통제가 부모의 욕심인 것 또한 부정할 수 없다. 현대의 부모는 과거에 비해 자녀를 바라보는 관점이 많이 성장했다. 자녀가 부모의 소유물이 아님을 잘 알고 있다. 그럼에도 불구하고 부모의 통제는 과거보다 더 늘어났다. 자녀가 부모의 소유가 아니라는 것에는 많이들 동의하지만, 여전히 자녀를 어떤 관점으로 바라봐야 할지 혼란스러워하고 있다.

　나는 부모가 자녀를 점유의 관점으로 바라봐야 한다고 얘기하고 싶다. 소유와 점유는 비슷한 듯 다른 의미를 지닌다. 소유와 점유는 현재 대상을 자기 손에 가지고 있음을 뜻한다. 소유는 간단히 말해 내 것이다. 소유권을 이전해 남에게 주기도 하고 반대로 소유권을 이전 받아, 내 것으로 만들기도 한다. 그러나 점유는 내 것으로 명시할 순 없다. 당장은 손에 쥐고 있지만, 본래의 주인이 따로 있다는 이야기이다. 바로 자녀가 그렇다. 부모의 사랑으로 태어나 보살핌과 든든한 지원으로 성장하지만 결국 자녀의 본래 주인은 자녀 자신이다.

이렇게 얘기하면 이미 알고 있는 사실이라며 고개를 젓는 부모가 있을 것이다. 그 정도는 충분히 알고 있고 자신도 자녀의 주인이 자녀 당사자임을 인지하고 있지만, 부모에겐 보살핌과 지원 외에도 가르침이라는 책임이 있다고 말한다. 맞는 말이다, 나는 사회의 질서나 규칙을 가르쳐야 하는 부모의 역할을 부정하는 것이 아니다. 다만 자녀를 소유하는 것이 아닌 점유 중인 상황에서 동의나 합의 없이 자녀를 마음대로 변화시키려 해도 되는가를 묻는 것이다.

점유에 대해 다시 정리해 보자. 점유는 내 것이 아닌 것은 물론이고 상태를 임의로 변경할 수 없다. 점유한 것에 대해서는 소유자의 승낙이 필요하고 소유자의 승낙이 있다고 해도 그것을 반환할 때는 원상복구시켜야 한다. 그런 의미에서 바라본다면 자신의 주인인 자녀가 통제를 거부하면 억지로 통제하려 해서는 안 된다. 혹여 억지로 통제에 성공했다 해도 자녀가 성인이 돼 소유권을 온전히 회복했을 때 부침을 겪게 될 것이다.

부모는 자녀의 '일시적 점유자'임을 잊지 말아야 할 것은 물론이고 자녀를 임의로 변화시킬 권한이 없음을 명심해야 한다.

자녀에게 휘둘리는 것은
정말 권위가 없어서일까?

"되도록 아이의 의견을 존중하고 받아주다 보니 아이가 제 머리 위에 올라서려 해요. 지난 번에는 함께 방을 치우자고 했더니 자기가 원하는 것을 사주면 치우겠다고 하더라고요. 명령을 한 것도 아니고 본인이 사용하는 방을 함께 치우자고 한 것인데, 아이가 이렇게 말하며 버티니 어떻게 해야 할지 난감하더라고요. 그래서 결국은 사준다고 약속하고 함께 방을 치웠습니다. 계속 이렇게 아이에게 휘둘려도 되는 걸까요? 아무리 생각해도 설득과 이해도 좋지만, 명령과 지시가 효율적이고 부모의 권위 또한 중요한 것 같아요."

상담을 위해 찾아온 부모의 얼굴은 일그러져 있었다. 누군가에게 휘둘린다는 것은 결코 기분 좋은 일이 아니다. 그런데 문제는 자녀에게 휘둘리는 이유가 명령과 지시를 하지 않아서, 권위가 없어서라고 규정짓는 것은 매우 잘못된 판단이다. 자녀가 부모의 설득과 이해를 부정하고 자기 마음대로 하려고 하는 이유는 다른 데 있다. 설득의 방법과 이해의 과정이 미숙해서 일 수도 있겠지만 결정적으로 아이에게 휘둘리는 가장 큰 이유는 부모의 태도와 기준이 명확하지 않아서이다.

내담자 부모의 경우를 살펴보자. 이 상황에서 가장 먼저 잡아야 할 기준은 자녀가 방 치우기 싫어하는 이유를 명확히 아는 것이다. 내담자에게 방 치우는 상황에 대해 세세히 물어본 나는, 자녀가 방 치우기를 싫어하는 것이 아니라 자신이 치워야 할 이유가 없기에 치우지 않는 것이라는 판단을 내렸다. 부모는 자녀의 정리 습관을 키우기 위해 종종 함께 방 치울 것을 권하긴 했지만 대부분 자녀의 방을 부모가 정리했다. 자녀 입장에서 볼 때 굳이 자신이 치우지 않아도 결국엔 깨끗하게 정리가 될 방을 귀찮게 치워야 할 이유가 있을까? 나라도 그렇게 하지 않을 것이다. 부모의 불분명한 태도가 부모의 권유를 거절하게 만든 것이다.

자녀가 자신의 방을 청소하는 것을 부모가 함께하고 싶다면, 부모는 자녀가 방을 치우지 않으면 그대로 두고 지켜보겠다는 확실한 기준을 세우고 실천해야 한다. 지저분한 방을 몇날 며칠 봐야 하는 것은 깔끔한 성격의 부모에겐 고통 그 자체겠지만, 자녀의 훈육을 위해서, 자녀에게 휘둘리지 않는 부모가 되기 위해서는 그렇게 해야만 한다. 지저분한 자녀의 방을 지켜보는 것 외에 자녀의 짜증에도 태연한 태도를 보여야 한다. 자녀는 갑자기 변한 부모의 태도에 당황할 것이고 적반하장으로 방을 왜 치워주지 않냐고 대들 것이다. 부모는 그때를 놓치지 않고 자녀에게 본인 방은 자신이 치우는 것이라고 명확한 기준을 알려 줘야 한다.

자녀가 처음에는 받아들이지 않을 것이다. 계속 버티다 보면 늘 그랬듯 결국 부모가 방을 치워줄 것이라 믿기 때문이다. 마음은 아프겠지만 부모는 이러한 자녀의 기대를 깨야 한다. 부모가 안달이 나서 방을 치우라고 잔소리하면 설령 자녀가 방을 치웠다고 해도 그것은 부모의 부탁을 들어준 것이 된다. 그렇게 되면 자녀의 머릿속에는 부모가 자신에게 빚을 졌다고 생각하게 되고 언젠가 그 빚을 반드시 받으려 할 것이다. 이러한 불분명한 기준이 괜한 오해를 만들고 부모와 자녀 간 충돌을 만드는 씨앗이 된다. 그러므로 자녀에게 방을 치우는 것은 부모를 위한 것이 아니라 본인을 위한 것임을 일깨워야 한다.

지저분한 공간에서 생활하던 자녀는 마지못해 방을 치울 것이다. 이때 자녀의 행동은 본인의 결정에 의한 행동이기에 부모가 굳이 방을 치워야 하는 이유를 설명하거나 이해시킬 필요가 없어지게 된다. 하지만 심한 경우 자녀는 자신의 방을 너저분하게 해놓고 자신의 생활 반경을 공동 공간으로 옮길 것이다. 자녀의 방을 넘어 공동 공간까지 지저분해진 광경을 지켜봐야 하는 부모는 속에서 열불이 나겠지만 일단은 참아내야 한다. 화를 내거나 잔소리하게 되면 해결책을 찾기가 더 어려워질 수 있다. 자녀가 스스로 치우고자 하는 마음이 생길 때까지 그대로 두어야 한다. 조심해야 할 것은 자녀가 어지른 것 이외에 다른 것은 부모가 치워야한다. 공동 공간에는 자녀가 어지른 것만 남아 있어야 한다. 그리고 자녀에게 부드러운 어조로 청유해 보자.

"함께 사용하는 공간이 조금 지저분하네. 우리 같이 치울까?"

조심해야 할 것은 절대로 공간이 지저분한 것을 자녀 탓으로 돌려서는 안 된다. 누군가에게 책임을 돌리는 것이 아니라 지저분한 공동 공간을 자녀의 눈으로 직접 보게 만들어야 한다. 이때 자녀는 공간에 놓인 물건이 자신의 것뿐이라는 사실을 인지하게 된다. 만약 부모가 "전부 네 물건뿐이네!" 등의 말들로 책임을 자녀에게 돌리는 순간 자녀는 치워야겠다는 생각보다는 정말 내 물건뿐인지 다른 사람의 물건은 없는지 찾아내는 것에 더 열중하게 될 것이다.

부모가 명확한 기준을 세우고 잔소리가 아닌 자녀 스스로가 상황을 파악할 수 있도록 유도해서 행동을 이끌었다면, 자녀와 합의하는 과정에 들어가야 한다. 자녀와 합의하기 위해서는 타이밍과 선 작업이 중요하다. 방을 치울 때까지 기다리는 것은 당연하고 정리가 부모의 마음에 들지 않아도 절대 지적해서는 안 된다. 자녀가 스스로 치울 생각을 했다는 것에 만족하자. 그리고 칭찬하자. 칭찬도 "치우니까 얼마나 깨끗하고 좋아."와 같은 결과가 아닌 "우리 ○○이가 스스로 치우니 엄마^(아빠)가 뿌듯하네. 고생했어."와 같은 자녀의 행동을 칭찬하는 것이 좋다.

분위기를 부드럽게 만들었다면 이제는 정리에 관한 기준점을 잡아야 한다. 다시 말하지만, 부모의 잣대를 기준으로 잡아서는 안 된다. 부족하더라도 반드시 자녀가 할 수 있는 만큼, 혹은 자녀가 원하는 정도에서 합의를 봐야 한다. 합의를 통해 기준점을 정했다면 자연스럽게 규칙까지 정해야 한다. 규칙은 최대한 자녀의 의사를 존중해 줄 것을 추천한다. 규칙을 지키지 않을 시 자녀가 받게 될 제재도 정해야겠지만, 너무 제재에 무게를 두는 것은 적절하지 않다. 제재가 강하면 자녀는 제재가 무서워 열심히 치우는 게 아니라 오히려 청소를 포기할 가능성이 높다.

부모의 흔들리지 않는 기준은 자녀를 스스로 행동하게 만들고 자녀가 스스로 행동하면 더 이상의 설득이나 이해가 필요하지 않다. 청소의 이유를 스스로 깨달은 자녀는 행동이 다시금 흐트러지더라도 부모의 규제를 무턱대고 거부하거나 떼를 쓰지 않을 것이다. 그렇게 되면 부모도 자녀의 생떼에 무작정 휘둘리는 일이 적어지지 않을까?

자녀에게 휘둘리는 것은 권위가 없어서가 아니다. 부모의 명확하지 못한 기준과 태도가 자녀를 혼란스럽게 만들고, 자녀는 그 속에서 어찌할 바를 모르고 허둥대다가 자포자기하는 것이 생떼로 나타나는 것이다.

명확한 기준

최근 'ChatGPT' 열풍이 불고 있다. 나 역시 호기심에 몇 번 이용해 봤다. 신기하긴 하지만 정확히 어디에 사용해야 하는지 방향성을 찾진 못했다. 그래도 명색이 교육자인데 학생들 사이 뜨거운 관심사를 그냥 넘길 순 없는 탓에 여러 서적을 찾아 읽었다. 그리고 흥미로운 내용을 발견했다. 'ChatGPT'를 잘 사용하기 위해서는 질문을 잘해야 한다는 말이 반복적으로 나왔다. 여기서 질문을 잘한다는 말의 핵심은 명확성이었다.

'슬픔에 잠긴 친구를 위로하는 말을 알려줘.'
'비통함에 잠긴 친구를 격려하는 말을 알려줘.'

나는 위와 같이 비슷하면서도 미세하게 다른 문장을 'ChatGPT'에 물어보았다. 그랬더니 다음과 같이 전혀 다른 답이 돌아왔다. 'ChatGPT'의 답의 변화를 가져온 것은 '슬픔'과 '비통함'의 차이였다. 'ChatGPT'는 두 단어의 차이를 명확히 인지하고 후자의 질문에 좀 더 위기의식을 감지한 답을 내놓았다. 또한 '위로'와 '격려'의 차이도 인지한 듯 보였다. 이처럼 어떠한 상황을 설명할 때 단어의 차이로 분위기를 다르게 받아들일 수 있다.

나는 여기서 명확성에 대해 다시 한번 생각하게 됐다. 프로그램화된 기계도 미세한 차이에 따라 전혀 다른 답을 내놓는데, 다양한 사고를 하는 사람이 명확하지 않은 정보를 전달받았을 때 얼마나 헷갈릴까?

부모가 자녀에게 명확한 기준을 줘야 하는 이유가 바로 여기에 있다. 어설프고 명쾌하지 않은 기준은 자녀를 혼란스럽게 한다. 그런데 문제는 명쾌한 기준을 누가 결정할 것인가 하는 것이다. 일반적으로 가족의 결정권은 부모가 가지고 있다. 이것이 나쁘다는 것은 아니다. 어떤 면에서는 결정권이 부모에게 있다는 것이 당연하다고 생각한다. 문제는 그 결정의 과정에 있다. 최종적인 결정은 부모가 내리는 것이지만 그 과정에서 부모의 강요가 들어가지는 않았는가 생각해 보아야 한다. 계속해서 강조하듯 자녀 성장에 필요한 다양한 가르침은 그것을 수용하는 자녀가 중심이 돼야 한다는 것이다.

'ChatGPT'에 물을 때 '적당한', '가장', 등의 두루뭉술한 형용사나 부사를 사용하지 말아야 한다고 강조한다. 이유는 기준이 모호하고 범위가 너무 넓기 때문이다. 같은 관계로 "알아서 해!", "스스로 생각 못 하니?" 등의 부모가 건네는 말이 자녀에게는 모호하고 범위가 넓게 느껴질 수도 있겠다는 생각이 들었다. 그런 의미에서 부모는 좀 더 명확한 기준과 구체적으로 설명할 필요가 있다. 조금만 더 자녀에게 친절하자.

부모가 자녀에게 명령하는 이유

많은 가정에서 부모의 지시나 명령이 가르침이란 명목으로 사용되고 있음을 상담을 통해 확인하게 된다. 지시나 명령이 그다지 효과적이지 않다는 것을 알고 있음에도 멈추지 못하는 이유가 무엇이며 가르침이라는 책임의 무게를 스스로 늘려나가는 것은 어떠한 연유에서일까?

첫 번째 이유는 부모 역할 다하기이다. 자녀를 양육하는 부모 대부분이 자녀를 잘 키우고 싶은 욕심과 의지를 지닌다. 지금은 욕심의 문제를 지적하고 싶지 않다. 욕심이 나쁜 것은 아니기 때문이다. 내가 지적하고 싶은 것은 자녀의 성장이 부모의 노력과 비례한다는 잘못된 믿음에 대한 것이다. 이러한 믿음은 자녀에게 무엇이든 끊임없이 노력해야 한다는 강박을 불러온다. 책에서도 밝혔듯 부모는 자녀가 잘 자랄 수 있도록 환경을 조성하고 그에 필요한 것들을 지원해 주는 정도면 충분한데 말이다.

다수의 부모는 자녀를 위해 기본 이상의 것들을 지원하며 부모의 역할을 충분히 이행한다. 하지만 만족스럽지 못한 자녀의 모습에 부모는 더 큰 노력을 자녀에게 쏟는다. 그것에서 그치지 않고 자녀의 단점, 즉 보완해야 할 것들을 찾아내고 그것을 메우기 위해 지시하고 명령한다. 자녀의 성장이 부모의 노력에 비례한다는 믿음은 부모를 한시도 쉴 수 없게 만든다.

더 큰 문제는 이러한 노력에도 불구하고 기대만큼 성장하지 못한 자녀와 맞닥뜨린 부모는 자신을 질책하기 시작한다. 하지만 자신의 책임이 아니기에 자책은 결국 자기 자신을 합리화하며 부모의 역할을 충실히 했다는 합리화와 책임감 회피로 마무리된다. 너무 억지스러운 주장일지도 모르겠지만 부모가 자녀에게 끊임없이 최선을 다하는 이유가 책임감으로 시작해서 책임감 회피로 끝나는 웃지 못할 결과를 만들어 내는 경우가 발생한다.

그러니 자녀의 교육이나 훈육의 결과가 부모의 책임이라는 지나친 책임감을 벗는 것이 매우 중요하다. 과도한 책임감을 내려놓을 때 자녀를 향한 명령과 지시도 멈출 수 있게 될 것이다.

또 하나의 이유는 자녀를 백지의 상태라고 생각하기 때문이다.

"쪼그만 게 뭘 안다고 그래."

"그건 네가 결정할 일이 아니야."

주변에서 어렵지 않게 들어본 이야기이고 부모가 자녀에게 한 두 번쯤 했을 법한 얘기다. 물론 자녀가 어른들과 같은 수준의 지식과 경험이 있다고 볼 수는 없다. 하지만 아무것도 모른다고 치부하는 것은 매우 위험하다. 자녀가 아무것도 모른다고 판단 내리기 때문에 지시와 명령을 통해 무엇이든 채우려 하는 것이다.

자녀는 태어나면서부터 많은 것을 이미 가지고 태어난다. 자녀는 부모의 표정을 인식하고, 비언어적 신호를 해석할 수 있으며 선천적인 학습 능력을 통해 지식을 얻고 정체성을 형성한다. 이미 다양한 학술적 연구 결과를 통해 자녀들은 다양한 단계에서 지식과 능력을 지니고 있다는 것이 밝혀졌다. 아이의 마음과 머리에는 이미 많은 것이 있는데, 억지로 무언가를 넣으려 하는 것은 바보 같은 짓이다. 자녀의 고유한 능력을 인정할 때만 자녀의 성장을 효과적으로 도울 수 있다.

어린 자녀는 텅 빈 깡통이 아니다. 하나 이상의 능력을 타고났지만, 부모가 그것을 외면하기 때문에 발현하지 못하는 경우가 생각보다 많다. 부모가 자녀가 가지고 태어난 능력을 발견하고, 발현할 수 있는 환경을 조성하는 것이 무엇보다 중요하다.

존중이라는 착각

　나는 줄곧 자녀의 거부, 반항, 주장에 부모가 한발 물러나 이해하고 지켜봐야 한다고 주장했다. 자녀와 부모는 평등하며 서로가 존중의 관계를 유지해야 한다. 그런데 어느 날 찾아온 동료의 이야기를 듣고 심각한 고민에 빠졌다. 초등학교에 근무하는 친구가 날 찾아와 한숨을 길게 내 쉬었다. 친구의 표정은 슬쩍 봐도 심상치 않았다.

　"학부모께 한 소리 들었잖아."

　친구의 하소연은 이랬다. 수업을 진행하던 중 갑자기 반 학생이 소리를 버럭 질렀다. 당황한 친구는 무슨 일인지 학생에게 물었고, 학생은 이유 모를 짜증이 나서 소리를 질렀다고 답했다. 친구는 학생을 조용히 타이르고 수업을 다시 진행하려 했다.

"아~ 왜요! 내가 짜증 난다고요. 소리 좀 지르면 안 돼요?"

친구는 난감해하며 최대한 학생을 타일렀는데 학생은 반항하며 교실을 뛰쳐나갔다. 하는 수 없이 수업을 중단한 채 그 학생을 쫓아갔고, 20분 후에 학생과 함께 교실로 돌아와 그날 하루를 무사히 마쳤다. 방과 후에 몇몇 학부모로부터 수업 결손에 대한 항의가 들어 왔고, 친구는 상황을 설명하고 죄송함을 전했다. 진짜 문제는 마지막에 일어났다. 수업 시간에 소리를 질렀던 학생의 학부모에게 전화가 걸려 왔다. 친구는 혹여라도 학부모가 걱정할까 봐 최대한 학생의 장점을 말하며 크게 신경 쓸 일은 아니라고 위로를 건넸는데 학부모의 말은 친구를 당황스럽게 만들었다.

"선생님 우리 ○○이 마음은 살펴 주셨나요? 아이가 얼마나 짜증이 났으면 그랬겠어요. 그 때 잘 다독여 주셨어야죠. 아이를 교실에서 뛰쳐나가게 그냥 두시면 어떻게 합니까! 아이의 마음을 살피고 수용하는 것은 학생을 존중하는 차원에서 교사가 당연히 해야 할 일 아닌가요?"

친구는 학부모의 말에 잠시 정신을 잃었다고 했다. 최근 학생의 인권은 점점 확대되고 있다. 이에 발맞추어 '감정 코칭', '마음 챙기기' 등 학생의 감정을 살피고 그에 맞춰 학생을 교육하는 방법이 유행이다. 나는 그러한 방식이 나쁘다고 생각하지 않는다.

하지만 무엇이든 잘못 사용되거나 넘치게 사용되거나 독단적으로 사용되는 것은 좋지 못하다. 아이의 마음을 살피고 읽어주는 것은 매우 좋은 일이지만 그것도 상황에 맞추어 사용해야 한다. 또한 아이를 존중하고 마음을 살피는 것이 무조건적인 수용으로 이어지는 것은 위험하다. 위와 같은 사례는 나의 상담에서도 종종 나타나는 현상이다. 나 역시 자녀를 대할 때 감정을 살피고 존중하고 양보하는 부모의 자세를 늘 강조하지만, 그것이 전부라고 주장하는 것은 아니다.

나라별 미성년의 법적 기준이 다르지만, 어디든 성년과 미성년을 구분한다. 우리나라의 미성년은 만 18세까지이다. 하지만 나이로 구분되는 성년과 미성년의 기준이 아니라 법적 정의를 넘어 이해해야 한다. 미성년은 사회의 도덕적 원칙과 가치를 아직 완전히 이해하지 못한 것으로 여겨지는 발달의 단계이다. 불완전한 인지와 감정으로 사회에서 제한된 자율성과 대리권을 가지고 있다. 즉 자기 행동에 책임을 지는 데 필요한 성숙함과 삶의 경험이 없음을 의미한다. 이러한 이유로 미성년자는 종종 미성숙함이 강조되며 보호의 필요성이 언급된다.

미성숙하며 보호의 필요성이 있다는 사실은 미성년자 자녀의 모든 것을 수용하고, 자녀에게 결정권을 전부 넘겨줘서는 안 된다는 것을 의미한다. 자녀의 후견인으로서 부모에게 요구되는 것은 자녀가 잘 자랄 수 있도록 환경을 조성하고 그에 필요한 것들을 지원해 주는 것이 가장 중요하지만, 그것만이 다는 아니다. 도덕적 원칙과 가치를 아직 완전히 이해하지 못한 것으로 여겨지는 발달의 단계인 자녀를 바르게 이끄는 교육적 측면도 무시해서는 안 될 일이다. 무엇이든 극단적인 것은 위험하다. 자녀 양육에 존중과 수용이 중요하지만, 그에 못지않게 부모의 단호함과 가르침이 중요하다.

자녀의 모든 것을 수용하는 것이 존중은 아니다. 오히려 무시에 가까운 행동이다. 존중이라는 이름으로 자녀를 망치는 어리석은 행동을 해서는 안 될 것이다. 내가 늘 주장하는 것은 올바름을 가르치는 방법과 부모의 태도에 관한 문제이지 자녀의 의견을 무조건 수용하라는 것은 아니다.

가정은 하나의 작은 국가

    부모의 명령과 지시를 잘 따르는 자녀가 있다. 그런 자녀를 둔 부모라면 자녀 양육을 위해 다양한 방법을 고민하지 않아도 된다. 이미 그 부모는 자녀에게 충분히 권위를 인정받고 있고 가족 모두가 구성원으로서 역할을 충실히 이행하고 있을 것이다. 하지만 그렇다고 해서 안심할 수 있는 것은 아니다. 이 이야기는 잠시 뒤로 미루고 부모의 명령과 지시 혹은 청유와 설득에 유독 반항적인 자녀를 둔 가정의 이야기를 해 보도록 하자. 깊이 있는 이야기에 들어가기 전에 질문을 하나 던지고 가볼까 한다.

    "부모의 말에 거부 의사를 표현하는 자녀의 태도를 볼 때 어떤 생각이 드는가?"

위 질문에 대해 충분히 생각한 후 다음 글을 읽어 내려가길 부탁한다.

자급자족, 각자도생하며 살던 사람들은 차츰 부족을 이루고 국가를 형성하며 지금의 시대를 만들어 냈다. 그리고 지금의 국가 형성 이론을 이야기할 때 홉스, 루소, 로크의 정치 이론을 소환한다. 세 사람의 정치 이론은 명확한 차이를 보인다. 먼저 자연 상태(국가 형성 이전)의 인간을 규정하는 것에서부터 다르다. 홉스는 인간을 성악설의 관점에서 바라보며 이기적인 존재로 인식했다. 루소는 성선설의 관점에서 합리적인 존재로 인식했다. 로크는 결정되지 않은 무지의 관점에서 선할 수도, 악할 수도 있는 존재로 바라봤다.

성악설을 바탕에 둔 홉스는 모든 주권을 군주에게 양도하여 힘을 지니게 해야 하고, 이러한 이유로 군주의 권력과 권한은 절대적이라고 보았다. 성선설에 바탕을 둔 루소는 개인과 개인의 의사를 합쳐 일반의지를 만들어 내고, 국가는 일반의지를 실천해야 한다고 주장했다. 마지막으로 무지설에 바탕을 둔 로크는 개인은 자신의 권리를 국가에 양도하고, 권리를 양도받은 국가는 개인의 동의하에 운영되어야 한다고 보았다. 세 사람의 국가 운영의 방침은 절대적 권한에 의한 통치, 개인과 개인의 의사가 합쳐진 일반의지에 의한 통치, 국가에 권한을 양도한 개인의 동의에 의한 통치로 요약할 수 있다.

나는 가정을 하나의 작은 국가라고 생각한다. 부모를 가정을 다스리는 권한을 부여받은 통치자라고 가정한다면 당신은 어떤 유형의 부모인가? 이 질문에 답을 하기 위해서는 세 명의 통치론에 대한 글을 읽기 전 나의 질문에 대한 답을 다시 상기해야 한다. 만약 부모에게 거부 의사를 표현하는 자녀의 태도에 화나 짜증이 났다면 홉스, 기분이 상한 정도였다면 루소, 이해하고 받아들였다면 로크에 가깝다.

현대의 민주주의 이론은 홉스, 루소, 로크의 사상을 기반으로 발전해 왔다. 세 명의 이론가는 분명한 차이를 보이지만 그들의 국가 정치 이론의 핵심은 모두 '사회 계약'에 뿌리를 두고 있으며 로크에 와서는 현대 민주주의에서 보장하고 있는 '시민불복종'의 뿌리인 저항권 사상을 담고 있다.

모두가 평등한 민주주의 국가에서는 자신의 가치관과 신념에 의해 특정 법률이나 정책에 대한 이의를 신청할 수 있다. '시민불복종'은 이의 신청을 넘어서 의도적으로 그것을 위반하는 행위까지도 포함한다. 물론 그 안에는 정당성을 확보하기 위한 몇 가지 제약이 존재하지만, 사회 내에 존재할 수 있는 체계적인 부정과 불평등을 해결할 수 있는 원동력이 된다. 또한 표현의 자유를 보장하고 이의를 제기할 권리를 중요하게 여기는 민주주의 사회의 강력한 도구이다.

그러니 자녀의 거부에 화를 내거나 짜증 섞인 반응을 보일 필요는 없다. 오히려 자신의 목소리를 내는 자녀를 칭찬하고 격려해야 한다. 그것이 터무니없는 억지 주장에 불과하다 할지라도 타이르고 설득해서 이해시키면 되는 것이다. 부모는 자녀가 주눅 들지 않고 당당하고 자신 있게 살아가길 바랄 것이다. 그렇다면 자녀의 거부를 너무 예민하게 받아들이지 말자. 부모에게조차 자기 의사를 제대로 전달할 수 없는 아이가, 부모에게조차 자기 의사를 거부당한 아이가 어떻게 사회에서 자신의 목소리를 높일 수 있겠는가.

혹여 오해하지 말기 바란다.
자녀의 모든 거부를 수용하라는 것이 아니다.
자녀가 부모의 말에 거부 의사를 표현하는 것 자체를
버릇없고 반항심 가득한 아이로 낙인찍지 말라는 것이다.

아이들은 다양한 이유로
부모의 말과 지시에 거부 반응을 보인다.
자기 생각과 맞지 않아 그럴 수도 있고
이유 없는 부정일 수도 있으며
단순한 반항심일 수도 있다.
하지만
그것이 어떤 이유의 거부 의사인지는 중요하지 않다.

자녀가 일단 거부 의사를 표현했다면
부모는 자녀의 거부를 받아들여야 한다.
그리고 차분히
어떤 이유의 거부였는지를 살피며
대화를 통해 충분히 풀어 갈 수 있어야 한다.

자녀와 충돌은 공정한 계약서를 작성하는 일

나는 가정을 최소한의 국가라 가정했다. 부모를 권력자 혹은 통치자로 보는 것은 큰 무리가 없을 듯싶지만, 자녀를 국민으로 가정하는 것은 자녀로선 조금 억울할 법도 하겠다는 생각이 든다. 부모나 자식이나 서로 상대를 정할 수는 없다. 이것은 권력자가 국민을 선택할 수 없고 국민이 권력자를 선택해서 태어날 수 없다는 것에서 비슷하다고 볼 수 있다. 하지만 문제는 그다음에 있다. 권력자는 국민을 선택할 수 없는 것은 물론이고 국민을 버리거나 거부할 수 없다. 반면 국민은 권력자를 선택해 태어날 순 없지만, 투표를 통해 권력자를 바꿀 수도 있으며 국가를 변경하여 현재의 권력자를 거부할 수 있다. 그렇게 본다면 평생 부모를 부정하거나 버릴 수 없는 자녀를 국민으로 가정하는 것은 자녀 입장에서 억울할 수도 있겠다는 생각이 들었다.

내가 굳이 자녀의 억울함에 관해 이야기를 꺼낸 것은 홉스, 루소, 로크의 정치 이론의 공통점인 '사회 계약' 때문이다. 세 명의 이론가는 통치 방법이나 국민을 바라보는 관점에서는 차이를 보이지만, 국가가 계약을 통한 결과물이라는 것에는 같은 생각을 보인다. 그런데 부모와 자녀로 구성된 가정은 그 어떠한 계약도 없이 형성된다.

그렇게 본다면 가정은 왕권신수설을 기반으로 한 절대주의 국가의 모습을 띤다. 절대주의 국가의 왕은 신에 대해서만 책임을 지며 국민은 저항권 없이 왕에게 절대복종한다. 지금이 중세 시대라면 가정의 이러한 형태에 이의를 제기하는 자녀가 없을 수도 있겠지만, 지금은 21세기다. 21세기를 대표하는 MZ세대의 자녀는 인권, 자유, 권리 등에 대해 철저한 교육을 받았으며 집단보다는 개인을 중시하며 자신의 신념을 표출하는 데 거침이 없다. 이런 특성을 가진 자녀에게 절대왕정의 모습으로 가정을 이끌어 가는 것이 가당키나 한 것인지 진지하게 생각해 볼 문제다.

부모와 자녀 사이의 충돌은 심각한 문제가 아니다. 오히려 아무런 계약도 없이 결정된 권력자와 국민 간의 공정한 계약을 위한 과정이라고 봐야 한다. 자녀는 자신의 일정한 권리를 태어나면서 자연스럽게 부모에게 양도하고 보호받는다. 자녀가 성장하며 자신에게 주어진 다양한 권리를 알게 되고 그 과정에서 권리를 주장하게 되는 것이다. 이 과정에서 생기는 자녀의 주장이나 거부를 부모가 심각한 문제로 치부하는 것은 잘못된 판단이다. 자녀의 거부는 당연한 권리이며 그 권리는 존중받아야 한다.

여기서 생각해 보아야 할 것은 부모 자녀 간에 부모에게도 권리가 있느냐는 것이다. 분명 자녀와 부모 각각의 역할이 존재하지만, 권리 역시 자녀와 부모 모두에게 존재하는가에 있어서는 의문이 생긴다. 개인적 생각을 넘어 다방면으로 찾아봐도 자녀에 대한 부모의 권리를 찾기는 힘들었다. 간혹 교육에 대한 권리, 결정을 내릴 권리 등의 자료가 보이지만, 이것은 아무리 생각해도 역할이지 권리가 될 수 없는 부분이다. 애석하게도 부모는 권리는 없고 역할과 의무만 있는 기울어진 운동장에서 자녀를 양육해야 한다.

부모가 권리를 주장하기 위해서는 '부모'라는 이름표를 떼야 한다. 부모가 아닌 한 개인으로서의 권리는 자녀와 동등하게 가지고 있다. 그런데 아이러니하게도 이것이 자녀와의 충돌을 너무 심각하게 받아들이지 말아야 할 근거가 된다. 누군가가 당신의 권리를 억압하면 참을 수 있겠는가? 자녀도 자신의 권리가 침해당한다고 생각하기에 부모의 훈육을 거부하는 것이다.

모든 인간의 권리는 존중받아야 한다. 그것이 부모의 보호 아래 성장하는 자녀라 할지라도 자녀 또한 하나의 개인임을 부정해서는 안 된다. 자녀와 부모의 충돌이 빈번해진다는 것은 역설적으로 그만큼 자녀가 성장했다는 근거이다. 국가의 성립과는 조금 다르게 부모와 자녀는 끊어낼 수 없는 가족이기에 각자의 다른 생각에 대한 조율은 매우 중요하다. 부모와 자녀 간에 충분한 대화를 통해 서로가 행복해질 수 있는 계약을 만드는 일은 그래서 꼭 필요한 과정이라 할 수 있겠다.

긍정적인 부분 찾기

어느 날 한 학부모가 성난 얼굴로 찾아왔다. 상담실을 찾은 학부모는 초기 상담을 서너 번 정도 한 상태였다. 이전 상담에서는 침착한 태도를 유지했던 학부모였기에 무엇이 학부모를 흥분하게 했는지 궁금했다.

"며칠 아파서 학교를 빠지고 쉬더니 그 뒤로 생활 태도가 너무 나빠졌어요. 어제는 학원까지 빠지고 친구들하고 놀겠다고 해서 분명히 안 된다고 말했는데 결국은 학원 빠지고 친구들하고 놀다 들어 왔어요. 그래서 혼을 내긴 했는데. 어찌나 서럽게 울던지…"

학부모는 이마를 감싸며 한숨을 길게 내쉬었다. 학부모가 숨을 고를 수 있도록 잠시 시간을 가졌다. 나는 학부모가 마음을 가라앉힌 후 조심스럽게 속상한 이유를 물었다.

"아이 멋대로 학원을 빠졌다고요. 당연히 그것 때문에 화가 나지 다른 이유가 있겠어요?"

학부모는 조금의 망설임도 없이 답했다. 나는 가만히 고개를 끄덕이며 아무 말도 하지 않았다. 그러자 학부모는 왜 이해하지 못하냐는 표정으로 나를 빤히 쳐다봤다.

"화가 많이 나셨나 봐요?"

"네. 제가 분명히 안 된다고 말했는데 자기 멋대로 학원을 빠졌잖아요. 제 말을 무시한 건데 당연히 화가 나죠!"

나는 학부모에게 몇 가지 질문을 더 던졌다. 자녀가 학원을 빠지겠다고 허락을 구할 때 태도는 어떠했는지. 집에 돌아온 자녀의 태도는 어땠는지. 혼나고서 서럽게 우는 것 말고는 어떤 말이나 행동을 했는지. 자녀는 허락을 구할 때 간절히 부탁했으며 문을 열고 집에 들어오며 쭈뼛댔고 서럽게 우는 것 말고는 어떤 말이나 행동을 보이지 않았다고 했다.

"평소에 자녀와 사이가 좋으신가 봐요."

"네?"

학부모는 무슨 생뚱맞은 소리냐는 표정을 지었지만, 나는 자녀가 평소 부모를 믿고 따랐고, 부모와 자식 간 사이가 괜찮다는 느낌을 받았다. 조금만 생각해 보면 어느 부분에서 내가 그런 느낌을 받았는지 금방 알아차릴 수 있다. 여러분도 생각해 봤으면 좋겠다. 내가 왜 부모와 자녀의 사이가 좋다는 판단을 내렸을까?

일단 자녀는 부모에게 허락을 구했다. 보통 자녀들은 학원을 빠지겠다는 허락을 구하지 않는다. 당연히 허락을 구해야 하는 것 아니냐고 반문할 수도 있겠지만, 그건 어디까지 부모의 생각이다. 학원을 빠지면 학원에서 칼같이 전화가 걸려 와 어차피 다 알게 되니 당연히 허락을 구할 수밖에 없다고 말할 수도 있겠으나, 이번 사례에서는 부모가 허락하지 않았음에도 자녀는 학원을 빠졌다. 학원을 빠지기로 자녀가 결심했다면 핸드폰을 끈 채 놀고 난 후에 집에 와서 혼나는 걸 선택하는 편이 마음이 편할 것이다. 뭐 하러 미리 물어서 안 된다는 것을 확인한 후에 친구들과 놀겠는가?

자녀의 반응을 봐도 그렇다. 허락을 구할 때 간청했다는 것은 아이가 놀고 싶은 마음이 간절했기 때문이기도 하겠지만, 엄마가 자신의 마음을 읽고 받아 줄 것이라는 기대가 있었다. 자녀는 학원을 빠지면 안 된다는 것을 알고 있다. 부모를 진짜 무시했다면 아마 허락을 구하지도 않았을 것이다. 무시하는 사람에게 허락을 구하는 일은 절대 없다.

또한 집에 들어오면서 눈치를 보고, 혼난 후에 별 반응 없이 울기만 했다는 것은 자기 잘못을 알고 있다는 것이고 부모에게 미안한 마음도 가지고 있다는 것이다. 부모와 사이가 좋지 않으면 잘못을 알고 있다고 해도 적반하장으로 짜증을 내고 투덜거리는 자녀가 의외로 많다. 그런 점에서 나는 부모의 태도가 조금 아쉬웠다.

학원을 안 간 아이의 마음을 받아주라는 말이 아니다. 당연히 아닌 것은 아니라고 말할 수 있어야 부모다. 하지만 자녀가 부모를 믿고 따르는 만큼 상황 속에서 긍정적인 부분을 찾아 얼마든지 효과적으로 타이를 수 있다고 생각한다. 교육은 자녀의 잘못에 벌을 주는 것이 아니다. 깨우침을 통해 자녀 스스로가 반성하고 다시금 그와 같은 잘못을 저지르지 않게 예방하기 위함이다. 예방을 위해서는 자녀가 자기 잘못을 이해하고 공감하며 반성을 통해 배우고 성장할 때 가장 큰 효과를 볼 수 있다.

이미 잘못을 알고 있는 자녀에게 같은 말을 반복하며 부모가 화를 내는 것은 자녀를 위축시키거나 반대로 반성을 거부하는 역효과를 가져올 수 있다. 성장기의 자녀는 실수로부터 배움을 얻는다는 믿음을 부모가 가져야 한다.

"○○아. 학원에 가지 않은 건 잘못이야. 다음부터는 그러지 않기로 약속하자. 그런데 우리 ○○이 뭐 하고 놀았길래 학원을 빼먹고 놀았어? 재미있었어? 다음에는 엄마와도 같이 놀까?"

이미 벌어진 일을 혼내기보다는 자녀가 하고 싶은 말을 할 기회를 주자. 혹시 모르지 않는가. 정말 친한 친구가 이사하게 되어 오늘밤에 놀 시간이 없었을지도….

부모의 화는 자녀에게

두려움, 분노, 적개심을 불러올 수 있다.

처벌은 부모의 통제를 강화하며

자녀는 처벌을 피하고자 변명을 만든다.

부모의 화나 처벌은

부모와 자녀의 관계에 긴장을 고조하고

신뢰를 약하게 만들어 의사소통을 방해한다.

부모는 화나 처벌 대신

자녀를 더 공감하고 이해하며

실수를 성장의 기회로 비추는 환경을 만들어야 한다.

자녀의 거부가 유독 속상한 이유

평소 자기 조절 능력이 높은 학부모도 유독 자녀의 거부를 못 참아 짜증이나 화를 내는 경우가 많다. 상담을 통해 반성하고 다짐을 하지만, 쉽사리 고쳐지지 않는다며 고민이 많다. 나는 그런 학부모에게 딱 한 마디 말을 던진다.

"자녀를 지나치게 사랑하시는군요.
그 사랑을 조금만 내려놓으세요."

누군가에게 거부당하는 일은 이유를 불문하고 기분이 상하는 일이다. 하물며 자녀의 거부는 부모에게 더 크게 다가올 수밖에 없다. 자녀의 거부는 부모에게 단순한 거부가 아니기 때문이다. 부모가 자녀에게 보이는 사랑은 무조건적이다. 자녀라는 이유만으로 부모는 무한한 사랑을 건넨다. 그런 상대인 자녀에게조차 인정받지 못한다는 건 큰 상처가 아닐 수 없다. 혹시 지금 자녀에게 무슨 인정이냐며 손사래 치는 부모가 있을지도 모르겠다. 그러나 그런 생각을 할 필요가 없다. 사람은 누구나 인정받고 싶은 욕구가 있다. 칭찬은 고래도 춤추게 한다는 말이 있듯 누구에게 들어도 기분 좋은 것이 칭찬인 것처럼 인정도 똑같다. 나이를 불문하고 누군가에게 인정받는다는 건 기분 좋은 일이다. 하물며 자신이 가장 애정을 쏟는 자녀의 인정에 어떻게 기분 좋지 않을 수가 있겠는가.

자녀의 거부를 부모가 너무 큰 의미로 받아들이면 자칫 자기 자신을 부정하는 결과로 발전하기도 한다. 이 때문에 힘들어하는 부모가 생각보다 많다는 것이 마음을 안타깝게 한다. 지금부터 내 얘기를 듣고 찬찬히 생각해 보기 바란다. 겉으로는 아니라고 하지만 내면 깊숙한 곳에서는 자신도 그런 생각으로 힘들어 하고 있지는 않은지.

부모가 자녀의 거부를 크게 받아들이는 경우는 많겠지만 크게 두 가지로 나누어 생각해 볼 수 있다.

먼저 부모는 자녀의 거부를 누구에게도 인정받을 수 없다는 두려움으로 만들어서는 안 된다. 인정받고 싶은 욕구는 누구에게나 있고, 가장 아끼는 대상으로부터의 거부가 좋을 리 없겠지만, 그것이 모든 대상으로부터의 부정을 의미하지는 않는다. 부모가 자녀에게 건네는 사랑은 말 그대로 무조건적이다. 그러니 자녀를 향한 정성과 사랑이 인정으로 돌아오지 않는다고 해서 불안함이나 두려움을 느낄 필요는 없다. 가끔 자녀가 부모를 가장 존경하는 대상으로 꼽는 경우가 있지만, 그것이 정말 좋은 것인지는 따져 볼 문제이다. 자녀가 부모를 근본적으로 부정하는 경우는 매우 드물다. 부모에 대한 자녀의 인정은 공기와 같은 것이어서 소중함을 느끼지만 표현하지 않을 뿐이다.

다른 하나는 자녀의 거부가 부모의 양육 능력에 기반하고 있다는 엉뚱한 믿음으로 일종의 책임감과 연결 지어 생각하는 것이다. 부모는 자녀의 거부를 내면화한다. 자신이 자녀에게 잘못한 것이 있는지를 스스로 묻거나 거부를 막기 위해 더 많은 것을 해 줘야 하는지 고민하게 된다. 이러한 의미 없는 자기반성과 자책은 부모의 판단력과 결단력을 무너뜨리며 오히려 자녀의 거부를 더욱 부추기게 만든다.

자녀의 거부를 경험했을 때 부모가 생각해야 할 것은 위와 같은 생각들이 아니라 문제를 직시하고 해결하려는 노력이다. 그러려면 먼저 자녀의 거부에 예민하게 반응하지 않고 평정심을 가지는 것이 중요하다. 지나치게 자녀의 거부를 감정적으로 받아들이지 말라는 것이다. 자녀의 거부는 부모에 대한 거부가 절대 아니다. 그 순간, 특정한 상황 혹은 아무 이유 없는 반항에 가까운 거부일 수 있다. 자녀의 행동 하나하나가 모두 부모의 양육에 기반해 나오는 결과물이 아니라는 사실을 반드시 명심해야 한다.

다시 한번 말하지만, 자녀가 무언가를 거부했다면 그 상황에 집중해서 문제를 찾아라. 자녀의 거부에 허둥대거나 상처받지 말고 평정심을 유지한 채 현상에 집중해야 한다.

때로는 계획 없이

어느 날 내담자 학생이 고개를 푹 숙이고 계속해서 한숨을 내쉬며 안절부절못했다. 나는 학생의 마음이 진정되고 스스로 이야기를 꺼낼 때까지 기다렸다.

"선생님, 어제 엄마가 잠시 가출하셨어요."

학생의 이야기를 들은 나는 깜짝 놀랐다. 무슨 상황인지 전혀 알지 못했지만, 어머니의 가출에 학생은 큰 충격을 받은 듯 보였다.

"제가 잘못해서 나가셨어요. 분명히 제가 잘못한 것은 맞는데 그게 나가실 정도인지는 잘 모르겠어요. 선생님, 제가 많이 잘못한 건가요?"

학생의 말은 이랬다. 자신이 계속 반복되는 잘못을 했는데 갑

자기 엄마가 나갔다 오겠다는 말만 남기고 한참 동안 집에 돌아오지 않으셨다고 했다. 학생의 잘못은 평범한 것이었다. 다행히 어머니는 서너 시간이 지난 뒤 들어오셨고 학생의 반성과 사과로 그날 일은 잘 마무리됐다고 했다. 그런데도 학생은 여전히 자기 잘못이 어머니를 가출하게 만들만한 일이었는지에 대해서는 의문을 가지고 있었다. 나는 학생에게 자신이 잘못한 것이 맞다고 생각한다면 그 뒤에 의문점은 갖지 않았으면 좋겠다는 말로 얼버무렸다. 얼버무릴 수밖에 없었다. 어머니의 행동도 이해가 되고 학생의 생각에도 동의하기 때문이었다.

학부모 강연을 하다 보면 정말 신기하게도 어머님들이 크게 공감하는 몇몇 부분들이 있다.

어머니는 시간에 맞춰 저녁 준비를 한다. 자녀가 학원 갔다 집으로 돌아오면 어머니는 곧 저녁 준비가 다 되니 먼저 씻고 기다리라고 말을 건넨다. 하지만 대부분, 특히 남자 자녀들은 어머니의 말을 듣는 둥 마는 둥 하고 소파나 침대로 가서 벌러덩 누워 버린다. 이때 어머니의 불호령이 떨어지고 자녀는 조금만 쉬었다가 밥 먹기 전에 손을 씻고 먹겠다며 일어날 생각을 하지 않는다. 그 모습에 어머니의 전투력은 상승하고 저녁 준비를 멈추고 결국 자녀를 끌어낸다. 자녀는 투덜거리며 마지못해 손을 씻고 자녀와 어머니 두 사람의 투덜거림이 집안을 가득 채운다.

이러한 상황에서 자녀, 어머니 중 누구의 잘못이 더 클까?

이 질문에 재미있는 것이 자녀에게 물으면 자녀는 당연히 어머니의 잘못이라고 말하고 어머니에게 물으면 당연히 자녀의 잘못이라고 말한다는 것이다. 또한 자녀와 어머니 모두 나름의 타당한 이유도 가지고 있어 쉽사리 결론을 내리기 힘든 질문이다.

자녀는 온종일 밖에서 공부하고 늦은 시간 지쳐서 집에 왔는데 밥 먹기 전 잠깐 쉬는 것이 뭐가 문제냐고 항변한다. 손을 씻지 않겠다는 것이 아니라, 먼저 쉬고 밥 먹기 직전에 씻고 먹겠다는 것이 왜 잔소리를 듣고 혼나야 할 일인지 이해하지 못하겠다는 것이다.

반면 어머니의 입장은 온종일 밖에서 생활하다 들어 왔으니 개운하게 씻고 쉬면 얼마나 좋냐고 주장한다. 미세먼지며 세균을 묻히고 들어와 그대로 침대나 소파로 직행하는 모습을 이해할 수 없다는 입장이다.

자녀와 어머니, 각각의 주장은 나름대로 타당하다. 누가 맞고 틀렸음을 정할 수 없다는 게 문제다. 그럼에도 나는 자녀의 손을 들어주고 싶다. 이렇게 말하면 어머니들은 자녀 입장을 생각 안 해 본 게 아니라고 열변을 토하신다. 결국 밥 준비가 다 끝나면 그제야 어슬렁어슬렁 기어가 대충 씻고 앉아서 밥을 먹거나, 준비가 끝나도 손을 씻지 않아 그 문제를 가지고 결국 잔소리하게 된다는 것이었다.

그럼 찬찬히 살펴보자. 밥 준비가 끝나고 나서야 어슬렁어슬렁 기어가 대충 씻고 밥을 먹는 자녀가 마음에 들지 않을 수는 있겠지만 자녀가 약속을 지켰으니 그걸 뭐라고 해서는 안 된다. 굳이 제대로 잘 씻으라고 말할 필요도 없다. 그 말은 결국 자녀에게 잔소리로 들려 볼멘소리를 끌어낼 것이 뻔하다. 다음으로 손을 씻지 않아 결국 잔소리하게 된다면 그것만 가지고 교육하면 된다. 결국 씻지 않을 것이기 때문에, 집에 오자마자 씻고 쉬라고 자녀에게 강요해서는 안 된다. 그건 어디까지나 추측이며 일어나지 않은 일이다. 무엇이 더 중요한지 우열을 정하기 애매한 것에 발생하지 않은 일을 가져와 어머니의 생각을 강요하는 것은 무리가 있다.

나는 부모가 왜 자녀에게 속이 상했는지 그 이유를 잘 알고 있다. 나도 부모이기에 그런 자녀의 모습을 볼 때마다 솔직히 속에서 부아가 치민다. 부모는 자녀가 집에 돌아올 시간에 맞춰 저녁을 준비한다. 이미 부모의 머릿속에는 저녁 시간 이후의 계획이 서 있다. 그렇기 때문에 자녀가 부모의 계획대로 움직이지 않으면 답답하고 짜증나는 것이다. 하지만 부모에게 계획이 있는 것처럼 자녀에게도 계획이 있다. 부모가 부모의 계획대로 실행하려 하면 자녀도 자녀의 계획대로 실행하려 할 것이 당연하다. 서로가 자신의 주장만 내세우고 자신의 관점에 타인을 맞추려 하면 갈등이 생길 수밖에 없다.

큰 문제가 되지 않는다면 물 흐르듯 그냥 놔두는 것도 좋지 않을까?

'YOLO'를 아는가?

You Only Live Once
인생은 한 번뿐이다.
즉 현재를 즐기자는 신조어다.

젊은 세대에서 한때 광풍이 불었던 말로
미래보다는 현재의 자기 삶이 우선이라는,
기성세대와는 극명한 차이를 보이는 생각이다.

노후 대책이나 나중의 행복을 위해
오늘을 견디고 참아내는 것보다
지금, 이 순간에 충실하자는 생각이
틀린 것이라 단정 지을 순 없다.

가능한 모든 것을 허용하라

　올바른 자녀의 성장을 위해 무엇을 허용해야 하고 어디까지 허용해야 하는지를 묻는 부모님들이 많다. 나는 이런 질문을 받을 때마다 몹시 곤란함을 느낀다. 그 기준을 정하는 것이 너무나 어렵기 때문이다.

　정확히 말하면 기준을 단일화해 수치로 나타낼 방법이 없다. 부모의 통제는 자녀의 독립성과 배치(背馳)된다. 부모의 통제가 강력하면 할수록 자녀는 독립성을 잃게 된다. 통제와 독립성 사이에서 균형을 잡는 것이 매우 중요하다.

　그저 두루뭉술한 통제를 위한 기준을 이야기해 보자면 통제를 위해 기준을 정할 때 가장 중요한 것은 부모의 기대에 자녀가 얼마나 따를 수 있는지를 생각해야 한다. 아무리 좋은 기준도 자녀가 따를 수 없다면 의미가 없다. 첫 단추의 핵심은 부모가 욕심과 기대를 내려놓는 것이다.

단단한 기준을 갖는 것이 중요하지만 자녀가 기준에 적응할 수 있는 시간을 허용해야 한다. 자녀가 자신의 강점, 약점, 그리고 관심사를 가진 하나의 인격체라는 것을 부모가 이해해야 하고 또한 자녀도 알고 있어야 한다. 그에 따라 기준을 조정하고 자녀의 요구를 수용하면 된다.

기준을 정했다면 그것을 명확하게 전달하는 것이 중요하다. 전달 과정에서 아이의 강한 거부가 있다면 당연히 조정해야 하며 서로의 합의 뒤에는 이를 일관성 있게 꾸준히 적용하기 위해 노력해야 한다. 타당한 이유 없이 예외를 만드는 것도 피해야 한다. 그렇다고 처음 정한 기준을 절대적 진리로 만드는 것도 피해야 한다. 자녀의 정당한 요구를 수용하고 이를 통해 긍정적 행동을 강화해야 한다.

"네가 한 약속이잖아. 못 지킬 거면 왜 약속했어!"와 같은 말을 전하는 것보다 "생각보다 약속 지키기가 쉽지 않지? 기준을 조금 조절해 볼까?" 등과 같은 말로 자녀의 문제 해결 가능성을 높이는 것이 중요하다.

나는 이러한 점에서 가능한 자녀의 모든 요구를 허용하는 편이다. 통제에 목적을 두지 않고 자녀의 의사 결정권과 독립성을 강조하기에 대부분 기준에 대해 자녀의 선택권을 존중한다. 그래야만 자녀가 자기 삶 속에서 스스로 목표를 설정하고 추진하며 미래에 책임감 있는 선택을 할 수 있다고 믿기 때문이다.

반론, 둘

    상담을 통해 허용적 기준 정하기를 실천하던 학부모님께서 허용적 기준 설정에 의문을 던졌다. 학습이나 생활 면에서는 어느 정도 허용적 기준 정하기가 가능한데 안전 면에서는 도저히 불가능하다는 고민이었다. 둘째가 이제 막 초등학교에 입학했는데 다섯 살 많은 형을 따라 자기도 라면을 끓이겠다고 고집을 피운다는 것이었다.

    "가스레인지나 인덕션이 자녀 키와 안 맞을 텐데요?"

    학부모의 이야기를 듣자마자 든 생각이 질문으로 바로 튀어나왔다. 학부모는 자기도 그것 때문에 답답하다고 했다. 자신의 키만한 식탁용 원목 의자를 낑낑거리며 들고 와 자꾸만 그 위에 올

라가서 하면 된다고 우긴다는 것이었다. 학부모는 근심 어린 표정을 지었지만 나는 오히려 대견하다는 생각이 들었다.

"칭찬해야 할 일인데요?"

"칭찬하라고요?"

"아뇨. 겉으로 드러내시면 아이가 허락으로 오해를 할 수 있으니, 마음속으로만 하세요."

행동 하나를 보고 자녀를 평가할 순 없지만, 학부모의 자녀는 매우 적극적이고 도전 정신이 강해 보였다. 칭찬받아 마땅할 일이었다. 학부모는 이런 경우 무조건적 통제가 답이라는 것을 나에게 확인받으려 했다. 그러나 안타깝게도 나는 부모와 생각이 정반대였다.

"허용해주세요. 자녀가 적극성을 띠고 무언가에 도전하려고 하는 것을 막아서는 안 됩니다. 라면 끓이기가 해서는 안 될 일은 아니잖아요."

부모는 어처구니없다는 표정을 지었다. 대부분 이런 경우 통제만이 답이라고 생각하지만, 딱히 그렇지는 않다. 그렇다고 당연히 하고 싶은 대로 해보라고 허용해서도 안 된다. 안전 문제가 걸려 있을 때에는 매우 조심스럽게 접근해야 한다. 이럴 때 필요한 것이 단계적 규제이다.

통제와 규제를 많은 사람이 같은 의미로 사용하기 때문에 같은 뜻으로 오해하는 경우가 있는데, 통제와 규제는 비슷한 듯하지만 차이점이 있다. 통제는 말 그대로 일정한 방침이나 목적에 따라 행위를 제한하는 것이다. 하지만 규제는 규칙이나 규정에 따라 일정한 한도를 정하거나 그 정도를 넘지 못하게 막는 것이다. 내담자 학부모의 고민인 '자녀의 라면 끓이기'는 안전을 위해 통제도 좋지만, 규제하는 것이 더 바람직하다.

먼저 단계를 나누자. 키가 작은 자녀가 라면을 끓이기 위해서는 제일 먼저 라면을 가져와야 하고 냄비에 물을 담아야 한다. 그리고 의자를 가져와 가스레인지나 인덕션 위에 물이 담긴 냄비를 올려야 한다. 다음에는 가스레인지를 돌려 불을 켜거나 인덕션의 버튼을 눌러 물을 끓여야 한다. 물이 끓으면 수프, 달걀, 면 등을 넣어 라면을 완성한다. 이와 같은 단계로 라면이 완성됨을 자녀에게 이해시키고 안전을 위해 위험한 것과 덜 위험한 것으로 구분할 필요가 있다. 이때 자녀가 할 수 있는 것과 없는 것으로 나누는 것은 피해야 한다. 위험 요소가 아닌 자녀의 능력으로 구분 지으면 자녀는 분명히 자신도 할 수 있다고 고집을 부리게 될 것이다. 물론 위험한 것이라고 해도 위험하지 않다고 고집 피울 수도 있겠지만 이것은 어느 정도 설득이 가능하다.

이렇게 보면 안전에 관해서도 허용적 기준 정하기가 가능하다. 물론 부모는 몇 배로 힘든 상황을 겪게 되겠지만 자녀는 부모의 허용과 격려 속에서 부모와의 신뢰를 강화하고 자신의 결정과 생각을 믿고 실천하는 의지를 키울 수 있게 된다. 되도록 자녀가 하고 싶은 것을 허용하는 방법을 고민하자. 통제는 편하지만 그만큼 자녀의 성장을 방해한다는 걸 생각했으면 한다.

기다림은 단순히 시간을 보내는 것이 아니다

자녀 양육에서 중요한 것이 많겠지만 가장 중요한 것이 무엇이냐고 묻는다면, 나는 자녀를 양육하는 부모의 기다림이라고 답할 것이다. 자녀를 떠나 생각하더라도 기다림은 다양한 이유로 피곤하고 힘든 과정이지만 매우 중요한 시간이다.

기다림이 힘든 이유 중 하나는 불확실성이다. 자녀 양육에서 기다림은 결과가 언제 나타날지 확신할 수 없는 것은 물론이고 예측조차 불가능하다. 이것은 부모가 가장 두려워하는 통제력 상실 상태를 만든다. 통제력 상실은 부모를 무기력하게 만들며 조바심, 불안, 좌절 등의 감정으로 인도한다. 이러한 감정에 휩싸이게 되면 기다림의 시간은 더욱 더디게 흘러간다. 그럴수록 부모는 원하는 결과에 집착하게 되며 계속해서 잠재적인 결과를 위해 방황하고 스트레스와 불안을 증가시킨다. 최악의 경우 부모는 자신의 태도를 기다림이 아닌 관망이나 포기로 바꿔 버린다.

내가 자녀 양육에서 가장 중요한 것을 기다림으로 꼽는 이유가 여기에 있다. 기다림은 자녀 양육에서 절대적으로 필요한 것이다. 하지만 기다림에 지쳐 결과에 집착하게 되면 부모는 자연스럽게 자녀를 향해 잔소리를 늘린다. 잔소리가 늘어나면 부모와 자녀 간 갈등이 깊어지고 관계는 악화한다. 기다림이 관망이나 포기로 바뀌지 않기 위해서는 기다림의 시간을 효과적으로 보내야 한다.

기다림을 효과적으로 보내기 위해서는 이미 결과가 나온 기다림에 대해 적절한 조치를 취해야 한다. 결과가 나왔음에도 부모의 기대치에 닿지 않아 그 결과를 무시하고 무의미한 기다림을 지속하는 경우가 많다. 이런 경우 부모는 기대치를 현실적으로 조정해야 한다. 부모의 기대치가 자녀와 부모 모두를 지치게 만든다는 사실을 직시해야 한다. 여기서 현실적이라는 말은 결과의 기대치를 부모가 아닌 자녀의 기준에 맞춰야 한다는 것이다. 부모의 기대치에 자녀가 도달하지 못했다고 할지라도 일단은 결과를 인정하고 받아들여야 한다. 한 번의 노력에 단락을 맺고 더 나아가기 위한 다음 단계를 계획해야지 무작정 부모의 기대치에 자녀가 도달하도록 계속해서 다그쳐서는 안 된다는 말이다.

그 다음, 부모는 본인이 제어할 수 있는 것에 집중해야 한다. 기다림이라고 해서 부모가 아무것도 하지 않고 지켜보기만 해서는 안 된다. 기다리는 동안 끊임없이 자녀를 관찰하며 지원할 수 있는 것에 주의를 기울여야 한다. 조심할 것은 자녀를 위한 지원이 잔소리여서는 안 된다는 것이다. 자녀의 행동을 직접적으로 지시하는 것이 아니라, 자녀가 스스로 행동할 수 있도록 분위기를 조성해야 한다. 그러기 위해서는 자녀 관찰이 중요하다.

만약 자녀 관찰이 서툴거나 힘들다면 부모가 기대하고 있는 자녀의 행동을 몸소 보여주는 것이 좋다. 부모의 행동은 무의식적으로 자녀에게 영향을 미친다. 부모가 신체적·정신적으로 자신을 돌보는 모습을 보여주는 것만으로도 자녀는 자신이 해야 할 일을 터득할 수 있다. 기다림을 단순히 시간을 보내는 것으로 착각하지 말고 부모가 계속해서 자녀에게 관심을 기울이고 있다는 것을 자녀 스스로가 알 수 있도록 간접적인 방법을 통해 계속해서 자극해야 한다.

자녀 양육에서 기다림은 피할 수 없는 부분이다. 그렇다고 그 기다림이 무의미한 것이 아니다. 기다림은 부모와 자녀 모두에게 성장과 자기반성의 기회를 제공한다. 그 과정을 통해 자녀와 부모는 경험을 공유하며 부모와 자녀 사이를 더욱 돈독하게 만든다. 부모는 기다림이란 소중한 시간을 잘 활용할 줄 알아야 한다.

세 살 버릇 여든까지

자녀가 좋은 습관을 갖도록 노력하는 부모들이 많다. 습관은 어떤 행위를 오랫동안 되풀이하는 과정에서 저절로 익혀진 행동 방식 또는 학습된 행위가 되풀이되어 생기는 비교적 고정된 반응 양식이라고 사전에 쓰여있다.

부모가 자녀에게 가르치고 싶은 습관을 대충 생각해 보면, 건강 측면과 학습 측면으로 나누어 볼 수 있다. 좋은 습관은 다양한 장점을 지닌다. 시간과 에너지를 효과적으로 관리하도록 도와주며 장기적 목표를 달성하기 위해 중요한 역할을 한다. 이러한 이유로 건강을 위해 규칙적이고 반복적인 운동과 체계적인 식습관을 가르치며 학습을 위해 정리 정돈 방법, 체계적 시간 활용을 위한 계획표 작성, 수면 규칙까지 정해 가르치려 노력한다. 문제는 단순한 행동에서 벗어나 예의나 인성까지 습관으로 가르치려 하는 부모들이 많다는 것이다.

세 살 버릇 여든까지 간다는 말도 있듯 나도 처음에는 좋은 습관은 가르쳐서라도 몸에 배게 해야 한다고 생각했다. 그런데 점점 좋은 습관을 주입식으로라도 가르치는 것이 맞는지 의문이 들기 시작했다. 우리 사회는 특히나 인성과 태도를 강조한다. 공직 후보자에 대한 인사청문회만 보더라도 우리는 후보자의 능력이나 자질에 대한 평가보다는 과도한 '신상털기'식 도덕성 검증에 초점을 맞춘다. 이토록 인성과 태도에 예민한 우리는 어린 시절부터 다양한 경로와 방법을 통해 가르침을 받는다.

그렇다면 현재 우리 사회는 도덕적인가? 2020년 유엔 세계 행복보고서에 따르면 우리나라는 관용(Generosity) 지수가 매우 낮은 것을 알 수 있다. 여기서 관용이란 존중과 배려라는 말로 해석될 수 있다. 오랜 시간 무엇보다도 중요하게 인성에 대한 교육을 받은 우리나라 국민이 받은 성적표라고 하기엔 초라하기 그지없다.

왜 이러한 결과가 나오는지 속단할 수 없지만, 인성이나 예의를 이해나 공감이 아닌, 주입식 교육을 통해 습관으로 형성했기 때문이라는 생각을 해 본다. 단순히 교육을 통해 굳어진 습관의 당위성을 내면화하지 못한 자녀는 결정권이 생긴 성인이 된 후에는 멈춰 버릴 수 있다. 아무리 좋은 것이라 할지라도 이해나 공감이 아닌 일방적인 교육을 통한 습관은 결국 문제를 불러오거나 원하는 결과를 보지 못할 가능성을 높일 뿐이다.

부모의 독 사과

학부모 강연 중 갑자기 난상 토론이 벌어졌다. 부모의 사과에 관한 것이었는데 생각보다 많은 부모가 자녀에게 사과하지 않아야 한다고 생각하고 있었다. 자녀에게 사과하는 건 스스로 권위를 잃는 행위라고 생각하는 분도 있었고 방법을 모르겠다는 분도 있었으며 사과 이후 자녀에게 비칠 자기 모습을 감당할 수 없다는 분도 있었다. 다양한 이유로 많은 부모가 자녀에게 사과하기를 꺼리는 것에 새삼 놀랐다.

부모는 완벽하지 않다. 세상에 완벽한 것은 없다. 우리가 순금이라고 부르는 것도 순도가 99%이다. 물론 완벽하지 않기 때문에 사과하라는 것이 아니다. 완벽하지 않기에 잘못할 수 있고 잘못했기 때문에 사과해야 한다는 것이다. 자녀에게 사과하는 것이 독이라고 생각하는 부모가 많은데 그것은 잘못된 생각이다. 사과는 오히려 자녀에게 긍정적인 효과를 불러올 수 있다. 자녀에게 사과하는 것은 자녀에 대한 존중 그리고 부모로서 자신의 실수를 인정하는 본보기를 보여주는 것이다. 이것은 자녀들이 실수나 잘못했을 때 자기 행동을 어떻게 책임져야 하는지를 알려 주는 좋은 본보기가 된다. 부모의 사과는 부모의 감정을 전달하고 자녀와의 갈등을 해결하는 소통과 신뢰의 환경을 만든다.

중요한 것은 부모의 사과에 진심과 감정이 드러나도록 자녀에게 전달해야 한다는 것이다. 최종적으로 부모는 사과를 통해 자녀에게 용서에 대해 가르쳐야 한다. 사과를 통해 실수가 용서될 수 있고 관계가 회복될 수 있다는 것을 가르쳐야 한다. 이것은 자녀에게 실수해도 관계가 틀어지지 않는다는 것을 일깨우고 자녀는 자기의 생각을 공개적으로 표현하는 것을 편안하게 느끼게 될 것이다.

간혹 "그때 엄마도 잘못했잖아."와 같이 부모의 사과가 아이들에게 핑곗거리가 될 것을 걱정한다. 실제로 많은 자녀가 그러한 말로 자기 잘못을 덮고 넘어가려 할 것이다. 그럴 땐 다시 한번 그때 일을 사과하고 사과하는 법과 용서하는 법을 가르치면 될 일이다. 부모의 사과가 실제로 부모의 권위를 떨어뜨린다고 할지라도 부모가 자기의 잘못을 외면하고 적반하장으로 호통을 쳐 자녀가 부모를 거부하게 되는 것보다는 낫지 않은가.

무기력한 자녀

　어떠한 일을 감당할 수 있는 기운과 힘이 없음을 이르는 단어가 무기력이다. 부모뿐만 아니라 사회적으로도 아이들의 무기력증에 대해 많은 고민과 걱정을 하고 있다. 생기를 잃어버린 아이들을 좀비라고 칭하기도 한다. 자녀의 무기력함을 부모의 책임으로 분석하기도 한다. 권위적 부모가 자녀에게 무의식적으로 많은 것을 요구하거나 지나친 통제로 자녀의 자발적 동기 유발을 어렵게 한다고 본다. 자녀의 욕구를 무시하는 부모의 태도가 자녀의 고유한 인격을 방해하고 부족한 점을 강조하여 실패감을 부각해 도전 자체를 두렵게 한다고도 한다. 이러한 분석이 일종에 타당성을 가진다고 보지만 나는 전혀 다른 시각으로 바라보고 싶다.

정말 우리의 자녀가 무기력한가?

무기력하다고 판단하는 기준은 무엇인가?

자녀의 무기력함에 관한 얘기를 꺼내면 많은 학부모가 어렵지 않게 입을 연다. 침대에 누워서 아무것도 하지 않는 자녀, 핸드폰만 만지작거리는 자녀, 뭘 해도 의욕이 없는 자녀 등 부모가 자녀를 무기력하게 바라보는 이유는 다양하다. 부모는 이런 자녀를 보면 자신도 덩달아 무기력해지고 뭘 어떻게 해줘야 할지 막막하다고 한다.

그렇다면 조금만 달리 생각해 보자. 침대에 누워서 아무것도 하지 않는 것이 아니다. 침대에 누워서 휴식을 취할 수도 있고, 음악을 듣고 있을 수도 있으며 자신을 돌아보고 반성하고 미래를 설계할 수도 있는 것이다. 핸드폰을 보고 있는 것도 마찬가지다. 자녀가 무엇을 하고 있는지 부모는 명확하게 알 수 없다. 모든 것에 의욕이 없어 보이는 자녀의 모습 역시 도전과 실패의 반복 속에서 오는 결과일 수 있다. 그럼에도 불구하고 그런 자녀의 모습을 무기력한 것으로 판단하고 부모가 개입한다면 자녀는 그 개입으로 인해 정말 무기력해질 수밖에 없지 않을까?

나는 우리의 자녀들이 무기력하다고 생각하지 않는다. 어떻게 자신의 인생에 무기력한 사람이 있을 수 있겠는가. 그런 부모의 생각은 자녀를 전혀 존중하지 않는 것이다. 나는 부모가 자녀를 바라보는 생각에 전환을 가져와야 한다고 말하고 싶다. 자녀의 눈이 다시금 반짝일 수 있도록 부모는 생각을 바꾸고 기다림의 시간을 가져 볼 것을 권한다.

슈퍼 주인이 되고 싶어요

　나는 시간이 날 때마다 '더딤 학생' 봉사를 가곤 한다. 그곳에서 만난 초등학교 2학년 아이는 한글을 전혀 읽지 못하는 난독이었다. 내가 국어를 가르치는 교사이기는 하지만 난독은 또 다른 문제였다. 요즘은 언어치료라고 해서 그 분야를 깊이 있게 다루는 전공이 따로 있다. 하지만 내가 봉사 가는 곳에는 그 분야 전공자가 계시지 않아 그 분야와 가까운 내가 그 아이를 전담하기로 했다.

　아이는 처음 만났을 때부터 구김 없이 밝고 쾌활했다. 학교에서 글을 읽고 쓸 줄 모르면 불편하지 않냐는 질문에 오히려 나를 비웃듯 "전혀요."라고 말할 정도였다. 불편함을 느끼지 않는 아이에게 한글을 가르친다는 것은 여간 어려운 일이 아니었다. 욕심이 많은 부모님이셨기에 자녀에게 한글을 가르치기 위해 안 해 본 방법이 없었다. 몇 번을 만나도 아이의 한글 습득 능력은 차도를 보이지 않았다. 다행인 것은 아이가 나와 만나 공부하는 시간을 지겨워하거나 거부하지 않는다는 것이었다.

나는 나름대로 갖은 방법을 동원해 한글 학습을 시도했지만 마음대로 되지 않았다. 수업을 통해 얻은 것은 그 아이와의 친밀함 뿐이었다. 나는 친밀함을 학습에 이용하기로 마음먹었다. 아이와 이런저런 이야기를 나누던 중 장래 직업에 관한 이야기를 하게 되었다. 무엇이 되고 싶냐는 나의 질문에 아이는 망설였다. 보통의 아이들처럼 아직 장래 희망에 대한 계획이 없나보다 생각하고 있었는데 아이가 쭈뼛거리며 내게 가까이 다가왔다.

"선생님 이건, 엄마한테는 비밀인데요. 저는 슈퍼 주인이 되고 싶어요. 절대 엄마한테는 말하면 안 돼요."

아이는 내게 신신당부하며 손가락 도장까지 받아냈다. 이유를 물어보니 엄마는 슈퍼에 '슈' 자만 나와도 혼을 낸다는 것이었다. 아이는 진짜 슈퍼 주인이 되고 싶어 했다. 나는 아이에게 넌지시 슈퍼 주인이 되려면 한글을 알아야 한다고 말했다. 그러자 아이는 이번에도 나의 말을 비웃듯 자신은 읽고 쓸 줄 모를 뿐이지 말은 할 수 있다며 슈퍼 주인은 잘할 수 있다고 답했다.

"아닐걸? 과자 배달해 주는 아저씨가 말만 하는 게 아니라 종이에 과자 이름이랑 개수랑 가격을 적어서 주는데, 글자를 모르면 뭐가 몇 개 들어 왔는지 알 수가 없잖아. 한 번에 다양한 과자가 엄청 많이 들어오는데 그걸 듣기만 해서 기억할 수 있겠어?"

나의 말에 아이의 표정은 심각하게 변했다. 그리고 아마도 그때부터 조금씩 한글을 공부해야 한다는 것을 스스로 깨달았던 것 같다. 10개월가량 지난 지금은 지역 교육청의 도움을 받아 언어 치료와 내 수업을 병행하고 있는데 처음보다는 많은 글을 읽고 쓸 수 있게 됐으며 혼자서 책을 보려고 노력도 한다.

나는 어머님 앞에서 공개적으로 "○○이는 꼭 슈퍼 주인이 되자."라고 말한다. 그럴 때마다 어머님은 못마땅한 표정을 지으시며 제발 그런 말은 하지 말아 달라고 부탁하셨지만 나는 매일 같이 큰 소리로 외쳤다. "○○이는 꼭 슈퍼 주인이 되자."

내가 전하고 싶은 이야기는 아이들의 생각을 무조건 존중해 주자라든가 직업엔 귀천이 없다는 원론적인 이야기가 아니다. 이번 역시 아이의 마음을 먼저 살펴보자는 것이다. 어쩌면 ○○이에게 슈퍼 주인은 자신의 처지를 충분히 인정한 상태에서 선택할 수 있는 최고의 직업이었을지도 모른다. 그런 상황에서 부모가 무조건 슈퍼 주인에 대한 말도 못 꺼내게 하니 아이는 허탈함을 느끼고 무기력해질 수밖에 없었을 것이다.

아이의 장래 희망은 계속해서 변한다. 혹시라도 부모의 괜한 기우로 되려 아이가 성장할 수 있는 원동력을 무기력하게 만드는 잘못을 저질러서는 안 될 것이다. 결론적으로 말하면, 자기 생각을 인정받은 ○○이는 멋진 슈퍼마켓 주인이 되겠다는 생각으로 오늘도 열심히 한글 공부를 하고 있다. 만약 ○○이가 한글을 전부 읽고 쓸 수 있게 되고, 또 다른 무언가에 흥미를 갖는다면 장래 희망도 달라질 수 있지 않을까?

흩어진 식사 시간

"대체 저녁을 몇 번이나 차려야 하는지 모르겠어. 어떤 날은 저녁을 세 번이나 차린다니까!"

학부모 강연에서 간혹 자녀가 아닌 일상의 불만을 듣게 되는 경우가 있다. 한 어머니의 불만이 그날의 주제가 되었다. 얘기를 들어보니 큰애와 작은애의 터울이 좀 있어서 6시에 작은애 밥상, 7시에 큰애 밥상, 7시 30분쯤 남편 밥상까지 총 세 번이라고 했다. 세 번은 좀 많은 경우에 속했고 적어도 두 번 밥상을 차리는 어머니가 많았다. 어머니들의 얘기에 밥상을 여러 번 차리려면 힘드시겠다는 생각이 먼저 들었다.

나는 고개를 갸우뚱하게 됐다. 왜, 세 번이나 차려야 하는 걸까? 작은애에게 간단한 간식을 주고 큰애에게는 조금 기다릴 것을 권하고 남편이 들어오는 7시 30분에 한 번만 차리면 될 것 같은데 말이다. 내 생각을 전했더니 어머니는 고개를 저었다.

"작은애는 배고프다고 칭얼거리고 큰애는 학원에서 고생했는데 바로 저녁을 먹어야죠. 남편은 먹든 말든 상관은 없지만 그래도 가장인데 알아서 먹으라고 하기엔 짠하잖아요."

가족 구성원 개개인을 챙기며 고생을 감내하는 어머니의 마음에 고개가 절로 끄덕여졌다. 하지만 저녁을 한 번만 차리길 권하는 이유가 어머니의 수고스러움 때문만은 아니다. 나는 자녀 양육에서 '가족'을 유독 중요하게 생각한다. 자녀의 성장에서 가족 구성원 간 보고 느끼고 배우는 것이 반 이상을 차지한다고 생각한다.

부모와 대부분 시간을 보내던 자녀는 학교와 학원에 가게 되면서 가족이 아닌 새로운 인간관계를 형성한다. 또래와 보내는 시간이 늘어나고 새로운 관계 적응에 부모와 보내는 시간이 줄어드는 것은 당연하다. 그런데 이 시기를 잘못 보낸 많은 부모가 시간이 지나 자녀와의 의사소통에 어려움을 겪는다. 의사소통이 중요하다고 생각하는 부모는 자녀와 대화를 시도해 보지만 오히려 서로에게 좋지 못한 결과를 받게 된다.

청소년기 자녀와 대화에 곤란을 겪는 것은 부모가 의사소통을 잘못 이해하고 있기 때문이다. 대화 기법을 이야기하는 것이 아니다. 근본적인 변화를 부모가 받아들여야 한다는 것이다. 자녀는 가정 밖의 활동과 관계에 더 많은 시간을 쏟으며 영유아기 때와는 다르게 부모와 서먹해진다. 아무리 가까운 관계라고 해도 친밀감이 없다면 의사소통은 힘들 수밖에 없다. 그렇다면 친밀감을 결정하는 요인 중에 눈에 보이는 것은 무엇일까? 바로 함께 보내는 시간이다.

여러분의 가정을 생각해 보자. 부모와 자녀가 얼굴을 마주할 시간이 얼마나 되는가? 그냥 스쳐 지나가듯 각자의 일에 몰두해 그저 같은 공간에 있는 것이 아니라 얼굴과 얼굴을 마주하며 상대방의 표정을 볼 수 있는 시간이 얼마나 되는가? 같은 공간에 있지만, 핸드폰으로 통상적인 안부를 묻듯 무덤덤하게 각자의 말을 던지고 사라지지는 않는가?

친밀감을 높이기 위해서는 감정 연결이 필요하다. 단순히 소리로 말을 전하는 데서 그치는 것이 아니라 함께 시간을 보내고 얼굴을 마주하거나, 손을 잡으며 상대방의 비언어적 표현에 관심을 가져야 한다. 한 마디 시답지 않은 소리를 주고받아도 마주하고 나누어야 한다. 같은 공간에 마주하고 있다는 것은 각자의 시간과 노력을 의미한다. 이러한 노력 없이 친밀감이 형성되기는 힘들다.

자녀가 성장하면서 부모는 자녀와 함께 하는 시간을 만들기가 어렵다. 그나마 가족이 부담 없이 의도하지 않아도 함께 얼굴을 마주할 시간은 저녁 식사 시간뿐이다. 그런 귀한 시간을 효율성이라는 착각으로 한 사람의 불편을 감수하면서까지 날릴 필요는 없다. 불편을 감수해야만 한다면 가족 구성원 모두가 조금씩 불편함을 나누어 저녁 식사를 함께할 수 있도록 노력해야 할 것이다.

당장 오늘부터 모두가 모인 저녁 식사 시간을 가져 볼 것을 적극 권한다.

가족이 모두 모인 식사 자리는
다양한 비언어의 장이다.
굳이 말을 하지 않아도
서로를 향해 미소를 보이고
반찬을 올려 주는 것만으로
마음을 표현할 수 있다.

억지로 자녀에게 말을 걸지 않아도 된다.
부모가 자연스럽게 일상의 이야기를 나누는 것만으로
자녀는 부모의 이야기에 귀를 기울이게 될 것이며
이를 통해 부모를 조금 더 잘 이해하게 된다.

공유된 식사 자리는
자녀에게 긍정적인 정서적 행복을 불러온다.
식사하는 동안 길러진 소속감과 감정의 교류는
자녀의 불안과 고립감을 줄이고 안정감을 높일 것이다.

세상을 벗어나라고요?

내 손안에 또 다른 세상

현대인 남녀노소를 불문하고 우리는 아침에 눈을 떠서 잠드는 순간까지 수많은 정보와 마주한다. 필요 때문에 정보를 찾기도 하고 원치 않는 정보에 노출되기도 한다. 기성세대인 부모는 책, 신문, TV, 컴퓨터, 핸드폰 등 다양한 매체를 통해 정보와 마주하지만, 신세대인 자녀는 핸드폰 단 한 대만 가지고 정보와 마주한다. 약간의 차이가 있겠지만 부모는 아날로그에서부터 5G까지의 과정을 함께 했다. 스마트폰이라고 할 수 있는 3G가 2002년부터 본격화되었으니 우리 자녀들은 모두 태어나면서부터 핸드폰 한 대로 모든 것을 해결했다고 볼 수 있다.

핸드폰 안에는 그야말로 모든 것이 들어 있다. 정보, 지식, 학습, 재미, 건강 심지어 경제까지도 핸드폰 속에 담겨 있다. 말 그대로 '손 안의 세상'인 셈이다. 핸드폰을 만지작거리는 자녀의 모습이 부모의 눈에는 그저 흥미 혹은 재미에 치중하거나, 시간 낭비를 하는 것처럼 보일 수도 있겠지만 자녀는 그 속에서 세상을 배우고 삶을 배우고 있는 것일 수도 있다. 물론 나 역시 학생들이 온종일 핸드폰에서 헤어 나오지 못하는 모습을 볼 때면 걱정이 앞

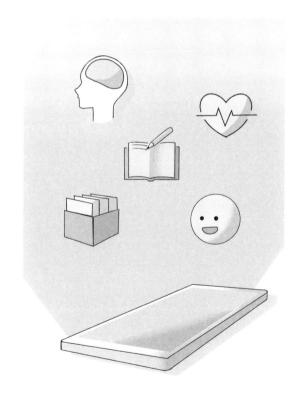

서는 것이 사실이다. 하지만 부모의 통제가 자녀의 핸드폰 사용을 완전히 막을 수 없고 막아서도 안 됨을 알아야 한다.

바닷물이 오염됐다고 해서 바다에 사는 물고기를 땅 위로 건져 올린다면 물고기에겐 죽음 말고 다른 결과는 없을 것이다. 그렇다고 오염된 물을 하루아침에 청정하게 만들 수도 없다. MZ세대 자녀들에게 핸드폰이란 광활하고 드넓은 세상이다. 그들을 그 속에서 무조건 빼내려 한다면 결과는 불 보듯 뻔하다. 부모는 좀 더 현명해져야 한다. 자녀들의 핸드폰 사용을 인정하고 그 세상을 더욱 슬기롭게 이용하고 살아갈 수 있도록 도와야 할 것이다.

어서 말을 해

보통의 부모는 자녀와의 대화에서 조언이나 정보를 제공하려 애쓴다. 하지만 이러한 대화 시도는 자녀가 더 이상 대화를 하고 싶지 않게 만든다는 것을 너무나 잘 알고 있을 것이다. 가뜩이나 생각이 많고 복잡한 성장기 자녀에게 부모의 메시지는 자녀를 혼란스럽게 만든다. 부모가 던져야 할 것은 메시지가 아니라 질문이다.

"오늘 학교에서 어땠어?"

이것은 간단히 "좋아요", "별일 없어요."로 답할 수 있는 닫힌 형태의 질문이다. 간혹 이 질문을 좋지 않다고 말하는 사람들도 있지만. 대화의 물꼬를 트기에 나쁘지 않은 형태의 질문이다. 처음부터 열린 질문이나 확장형 질문을 던지면 자녀는 오히려 입을 닫아 버릴 수 있다. 중요한 것은 이 질문 다음에 던지는 질문이지 이런 단답형 질문이 나쁜 것은 아니다.

"학교에서 ○○한 일이 있었다는데 너는 어떻게 생각해?"

다음 질문으로 좀 더 구체적인 사건에 대해 질문하는 것이 좋다. 자녀가 이 사건에 대해 모른다면 설명하고 어떻게 생각하는지에 대한 답을 들으면 되고 이미 알고 있다면 생각할 시간을 주고 답을 기다리면 된다. 혹은 자녀와 관련된 사건이 없다면 부모와 관련된 사건을 던져 질문하는 것도 좋다.

"오늘 엄마가 일하다가 ○○한 일이 있었는데 너무 속상했어."

대화 시도와 동시에 엄마의 현재 마음 상태를 전달하는 것도 매우 효과적이다. 자녀는 자연스럽게 엄마가 무슨 일을 겪었는지, 지금 감정이 어떠한지를 알게 될 것이다.

분명 질문에도 좀 더 효과적인 방법이 있지만, 가장 중요한 것은 부모가 자녀에게 질문을 멈추지 않는 것이다. 이때 자녀의 대답은 상관없다. 자녀가 부모의 마음과 달리 짧게 답하거나 건성으로 답한다면 그것은 자녀의 관심 밖의 일이다. 부모와의 대화를 거부하는 것이 아니라 그저 관심 없는 질문이기에 그렇게 답하는 것이다. 질문에 대해 많은 서적이 있지만, 질문의 유형에는 크게 신경 쓰지 않았으면 한다. 질문에는 정해진 규칙이나 방법에 집중하기보다는 부모가 자녀에게 질문하는 태도에 집중하자.

많은 생각과 고민을 통해 던지는 질문은 자녀에게서 듣게 될 대답을 기대하게 한다. 부모의 기대는 자녀를 부담스럽게 만들고 부모 자신을 재촉하게 만든다. 부모는 하고 싶은 질문을 자유롭게 던지고 자녀의 대답에 너무 연연하지 말자. '어서 말을 해'가 아니라 어떤 말이든 괜찮다는 마음으로 질문도 가볍고, 대답도 가볍게 대화를 이어가는 것이 중요하다. 너무 무겁고 진지한 질문은 한 번에 답하기 곤란한 것들이 대부분이다. 그래서 오히려 자녀의 입을 닫아 버리게 할 수 있다.

제2부

부모가 아닌
나를 알아 가는 여정

시작은 어렵다

모든 것엔 처음이 있다. 무엇인가를 해야겠다는 생각은 늘 하지만, 그것을 행동으로 옮기는 일은 쉽지 않다. 새로운 것을 시작하려면 일단 익숙함에서 벗어나야 한다. 이것은 위험을 감수하는 새로운 도전이자 모험이다.

시작을 앞두고 우리가 망설이는 가장 큰 이유는 두려움 때문이다. 두려움을 극복하는 방법은 다양하지만, 자녀 양육에서 그것을 대입하기는 역부족이다. 뚜렷한 목표를 정할 수 없으며 그것이 옳은 것인지 알지 못한 채 나아가야 한다. 태어나 모든 것이 처음인 자녀와 자의 반 타의 반으로 새로운 상황에 놓인 부모는 포기할 수 없는 새로운 길을 가야만 한다. 부모는 자녀 양육을 위해 각고의 노력을 다한다. 부모는 자신의 가치관과 신념 혹은 타인의 조언에 따라 자녀 양육에 심혈을 기울인다. 각기 다른 다양한 방식으로 모든 부모는 최선을 다하지만, 이러한 노력에도 불구하고 부모와 자녀 모두 지쳐가는 안타까운 상황들이 펼쳐진다.

'나쁜 부모는 있어도 나쁜 자녀는 없다.'라는 말이 유행했던 적이 있다. TV에서 다양한 육아 프로그램들이 넘쳐나던 시기에 자녀를 피해자로 부모를 가해자로 다루며 모든 것을 부모의 몫으로 돌려놓기도 했다. 한때는 나 역시 그런 사람이었을 수도 있다. 하지만 지금은 누구의 잘잘못을 따지거나 탓하고 싶지 않다. 부모와 자녀 모두가 늘 최선을 다해 살아가고 있는 것뿐이다. 내가 부모 교육에 관한 집필을 고민할 때 주변에 많은 사람이 다양한 조언을 했다. 이런저런 이야기를 들을수록 회의감이 짙어졌다. 이미 부모 교육에 관한 다양한 책들이 출판되어 있지만, 기존 출판물의 내용은 내 생각과 조금 차이가 있었다. 대세를 따르지 않는 책이 부모들에게 선택받을 수 있을까 하는 두려움이 컸고 이런 장르의 책을 한 번도 집필해 보지 않은 생소함이 나를 자신 없게 만들었다. 집필을 포기하는 쪽으로 결론을 내리던 때 소문을 들은 내담자가 건넨 한 마디가 나를 여기까지 이끌었다.

"선생님께서 쓰시는 책이 부모의 무거운 책임감을 덜어낼 수 있는 내용이었으면 좋겠습니다."

내담자 학부모가 던진 한마디는 내가 상담하면서 늘 하는 말을 상기시켰다. 자녀 양육은 정답이 없으며, 결과로 누군가에게 책임을 물을 수 있는 일이 아니다. 부모와 자녀가 함께 어울리는 과정에 집중해야지 결과에 집착하고 누구도 자책해서는 안 된다. 나는 내가 그간 가지고 있던 생각들을 솔직하게 담기로 했다.

학부모의 부담이 조금이라도 덜어지기를 바라는 진정성 하나로 불확실성과 두려움을 잠시 접어두기로 했다. 내가 그랬던 것처럼 많은 부모가 자녀를 사랑하는 진심 하나를 믿고 지치지 않기를 자책하지 않기를 바라며 매일 새로운 출발을 힘차게 응원한다.

균형을 맞출 것

자녀 양육에서 특히나 관계 부분에 힘들어하는 부모가 많다. 앞에서 다양한 이야기로 자녀와 부모 사이의 관계 정립을 위한 윤곽을 이야기했다면 지금부터는 구체적인 얘기를 꺼내려 한다. 현대의 부모들은 과거에 비해 다양한 채널을 통해 정보를 습득하고 공부해 자녀 양육에 대입한다. 몇몇 부모는 자신이 학생 때 이렇게 공부했다면 S대는 따놓은 당상이란 우스갯소리도 하곤 한다. 맞는 말이다. 어디서 긁어모았는지 대단히 많은 정보를 가지고 있다.

여기서 생각해 보아야 할 것이 있다. 자녀를 양육하기 위해 다양한 정보를 모으고 그것을 하나하나 자녀에게 대입하는 데 열을

올리는 과정의 중심이 자녀에게만 올인 돼 있다는 것이다. 내가 강조하고 싶은 것은 '부모의 삶' 이전에 '나의 삶'이 있고 '부모가 바라는 자녀의 삶' 이전에 '자녀 자체의 삶'이 있다는 것이다. 우리는 이것을 너무나 쉽게 간과해 버린다.

나는 TV를 즐겨보지 않지만, 간혹 TV에서 나오는 생각지도 못한 명대사가 나에게 꽂힐 때가 있다. 성공이 인생 최대의 목표인 주인공이 성공을 위해 자신의 모든 것을 내던지다 불안장애, 우울증 등으로 정신과를 찾았다. 정신과 의사가 주인공에게 묻는다. "성공이 그렇게 중요해?" 그러자 주인공이 "나에겐 그것만 중요해."라고 당연하게 답한다. 그러자 정신과 의사가 "성공을 위해 너를 도구로 사용하면 그럼 넌 어디 있는데?"라고 다시 질문을 던진다.

나는 여기서 모든 오감이 그대로 얼어붙었다. 정말 소름 돋는 대사였다. 이 대사를 통해 우리는 자녀 양육을 이런 식으로 하고 있지 않은지 반성해 보아야 한다. 자녀를 성공적으로 양육하겠다는 하나의 목표 달성을 위해 자기 자신을 잃어버리고 달려가고 있는 것은 아닌지 생각해 보아야 할 것이다.

자녀를 통해 새롭게 맞이한 삶은 경이롭고 소중하다. 하지만 그것이 전부가 되어서는 안 된다. 어떤 경우에도 나를 잃어버리는 실수를 범해서는 안 될 것이다. 우리가 잊지 말아야 할 것은 부모

는 자녀의 거울이라는 것이다. 나를 잃은 부모에게서 자란 자녀가
자신을 지키며 살아가는 법을 배우기는 매우 어렵다. 좋은 양육은
부모의 삶과 나의 삶이 균형을 맞출 때 더 빛을 발할 수 있다는 것
이다.

내가 먼저

고등학교 재학 시절 나는 교무실에 갈 때마다 화가 났다. 교무실 문을 열면 제일 먼저 눈에 띄는 곳에 '교사가 행복해야 학생이 행복하다.'라는 문구가 멋진 붓글씨로 액자에 담겨 있었다. 그 당시 나는 그걸 볼 때마다 입에서 욕이 절로 나왔다. 그때만 해도 교사의 행복과 학생의 행복은 전혀 연관성이 없는 별개라고 생각했기 때문이다. 하지만 지금에 와서는 그 말만큼 정확히 사실인 것도 없다는 생각이 든다. 물론 나의 현재 직업이 교사이기 때문은 절대 아니다. 이 문구는 모든 사회적 관계에서 통용되는 말이다. 내 주변에 있는 사람들이 행복해야 나도 행복하다. 적어도 내 주변 사람들이 행복하면 나의 슬픔이 조금은 희석될 수 있다. 이것은 부모 자녀 관계로 끄집어 와도 똑같다.

"부모가 행복해야 자녀도 행복하다."

행복한 부모는 자기의 행복한 감정을 깨지 않기 위해서라도 자녀에게 화를 잘 내지 않는다. 그렇기에 부모의 행복은 매우 중요하다. 하지만 우리는 지금껏 나의 행복보다는 자녀의 행복을 위한다는 그럴듯한 명목 아래 누구도 행복하지 않은 삶을 그려 나가고 있다.

삶에서 가족 공동체를 가장 중요하게 생각하지만, 그 전에 어디에도 속하지 않는 '나', 개인의 삶을 위해 충분한 노력을 기울일 것을 강조한다. 이것이야말로 결과적으로 자녀를 위하는 길이다. 부모는 다양한 이유로 자녀를 위해 노력하지만, 행복하지 못한 부모가 지니는 생각 중 하나가 자녀 양육을 투자로 본다는 것이다. 이를 옹호하는 학자들은 부모가 생존과 번식 성공의 기회를 극대화하기 위해 시간, 에너지, 감정과 같은 자원을 자손에게 투자하려는 선천적인 욕구가 있으며 이것은 당연한 현상이라고 주장한다.

자녀의 행복이 부모의 행복과 밀접하게 연관되어 있다는 것은 부정할 수 없지만, 자녀 양육을 투자로 여기는 것은 엄연한 대리만족이다. 투자는 결과로 말한다. 그리고 그 결과는 내 것이어야 한다. 그러나 자녀에게 기울인 노력은 나의 행복을 위한 것이 아니다. 또한 투자는 과정이 아닌 결과로 성공과 실패를 말한다. 하지만 행복은 결과가 아니다. 특히나 자녀 양육은 과정에서 행복을 얻는 것이 크다. 자녀의 효도는 0세에서 3세 사이에 모두 다 했다는 옛 어른들 말씀이 있다. 태어난 자체만으로도 축복이고, 성장하며 먹고 싸고 울고 웃는 모든 일상이 부모를 행복하게 한다.

다시 한번 강조하자면 자녀의 성공에 부모의 행복을 맡기지 말자. 내 행복은 나의 삶 속에서 찾아야 한다.

자녀에게 주고 싶은 것

다수의 부모는 자녀의 성공을 바란다. 성공을 바라는 부모의 마음을 잘못된 것이라 말할 순 없다. 그럼에도 다양한 설문을 통해 자녀에게 물려 주고 싶은 것을 물으면 '성공'이라는 대답은 상위권을 차지하지 못한다. 상위권을 차지하는 것들은 행복, 가치관, 신념, 정직, 태도 등이다. 자녀에게 주고 싶은 것이 성공이든 행복, 가치관, 신념과 같은 것이든 이 모든 것은 매우 추상적이고 철학적인 단어들이다. 문제는 많은 부모가 이러한 것들을 자녀에게 전하고 싶다고 생각하지만, 과연 부모 자신은 이런 것들에 관해 깊이 있는 생각을 해 보았는지 의문이다.

"행복하기 위해 산다고 하는데, 행복에 대한 정의를 스스로 내릴 수 있는가?"

"단 한 번이라도 정규 교육과정을 통해 행복에 대해 배우거나 깊이 있는 성찰을 해 봤는가?"

내가 학생들에게 항상 던지는 질문이다. 안타깝게도 이 질문에 답하는 학생은 손에 꼽는다. 조금 더 솔직히 말하면 질문을 던지는 순간 학생들은 매우 불쾌한 것을 본 것과 같은 표정을 짓는다. 행복에 관한 질문이 학생들의 표정을 일순간 절망감으로 바꿀 수 있다는 것이 늘 놀랍다. 왜 이러한 일들이 발생할까?

그것은 무조건 어른들의 잘못이다. 그중에서도 교사와 부모의 잘못이 크다. 교사도 부모도 행복이 뭔 줄 모른다. 그러면서도 입버릇처럼 "행복하길 바라."라는 말을 한다. 행여 행복이 뭐냐고 물으면 공부 열심히 하면 된다거나 성실하게 하루하루를 살면 혹은 노력하면 된다고 얼버무린다. 정말 그렇게 하면 행복이 진짜 올까? 어떤 기관을 막론하고 우리나라 청소년 행복 지수 통계를 살펴보면 한결같이 매우 낮다. 그리고 그 원인 분석도 대부분 비슷하다. 학업 스트레스, 과도한 경쟁, 지나친 타인과의 비교, 사회 제도 등등.

나는 이러한 원인 분석을 조금 다르게 보고 싶다. 다양한 기관에서 내놓은 원인 분석이 틀렸다는 것이 아니다. 보다 본질을 보자는 것이다. 행복에 대해 생각해 보지도 배우지도 못한 청소년이 행복이 왔다고 한들 그것을 느낄 수 있겠는지가 의문이다. 행복도 무엇인지 알아야 느낄 수 있다. 알고 있어야 그것을 계속해서 경험하기 위해 노력도 할 것이다. 행복이 무엇인지도 모르는 상태에서 막연히 행복하지 않다거나 불행하다고 말하는 모습은 도무지 앞뒤가 맞지 않는다.

행복도 공부해야 할까?

생활에서 충분한 만족과 기쁨을 느끼어 흐뭇함. 행복의 사전적 의미는 매우 간단하다. 그런데 간단한 만큼 참 애매하다. 충분함이란 모자람 없이 넉넉하다는 의미인데 그 기준이 각기 사람에 따라 정도의 차가 있음을 넘어 가능한지에 대한 의구심이 든다. 오늘날 우리들의 생활은 과거에 비해 넉넉하다. 생활 환경이나 조건, 물질적 풍요는 더할 나위 없이 발전했다. 하지만 우리는 과거에 비해 더욱 행복을 간절히 원하고 행복 지수는 낮아졌다.

왜 그럴까?

가장 근본적인 이유는 사회의 변화일 것이다. 현재의 삶은 과거처럼 단순하지 않다. 현대의 생활은 이전에 비해 복잡하고 다면적이며 잘 먹고 잘 자는 것과 같은 기본적인 생리적 욕구만으로 행복을 경험하기는 어려운 일이 됐다. 이것은 단순히 욕구를 충족하거나 눈에 보이는 물질적인 충족이 행복을 가져다주는 시대가 아니라는 것을 의미한다. 우리가 간절히 원하는 행복은 우리가 행복을 얻기 위해 시도했던 다양한 노력이 틀렸다는 사실을 보여준다. 그럼에도 우리는 지금도 눈에 보이고 손에 잡히는 물질적인 것에만 집착한다. 그러한 이유는 아마도 행복에 대해 여전히 정의 내리기가 마땅치 않기에 성공이라는 단어 뒤에 막연히 뒤따라오는 것쯤으로 믿어버리기 때문일 것이다.

행복해지고 싶다면, 행복해지기 위해서 우리가 지금 해야 할 것은 '행복'이 무엇인가에 대해 생각해 보는 것이다. 조심해야 할 것은 생각만 해야 한다는 것이다. 절대 단숨에 정의를 내려서는 안 된다. 숨바꼭질 놀이에서 술래가 숨어 있는 사람을 찾듯 여기 저기 기웃거리며 탐색해야 한다. 어디에 있는지도 모르면서 직감으로 한 곳을 향해 돌진했다가는 낭패를 볼 수 있다.

그럼, 원초적 질문을 던져보자. 행복도 공부해야 한다고 생각하는가? 나의 대답은 "그렇다!"이다. 그렇게 생각한다 해서 학습하듯 공부해야 한다는 것은 아니다. 지식을 습득해 정답을 단박에 찾아내는 것이 아니라 애매한 문제를 풀 때처럼 확실히 아닌 것을 지우며 답을 찾아가는 방식이어야 한다. 우리는 행복에 대해 확실한 오답 하나 알고 있다. 행복이란 무언가를 얻어 채우는 넉넉함이 아니라는 것이다. 이 하나의 단서를 가지고 우리는 끊임없이 질문을 던지고 여기저기 기웃거리면서 아닌 것들을 지워나가는 공부를 해야 할 것이다.

대면연습, 하나

나의 행복을 찾아 나서기 전에 지금까지의 나를 돌아보아야 한다. 앞으로 나아가기 위해서는 내가 지금 정확히 어디에 서 있는지를 아는 것이 중요하다.

아래 그림을 살펴보자.

갑자기 장갑이 꼭 필요해 장갑을 사기 위해 매장을 찾았다. 근처에 장갑을 살 수 있는 곳은 여기뿐이다. 매장에는 위에 그림과 같은 종류의 장갑이 놓여 있다. 당신은 매장 점원에게 제일 먼저 어떤 말을 건넬 것인가?

학부모 강연에서 내가 자주 던지는 질문이다. 대답 중 가장 많이 나온 말이 "얼마예요?"였다. 그렇게 대답한 학부모에게 왜 가격이 중요하냐 물으면 생각지도 못한 답들이 나왔다. "가격 말고 뭐가 중요하죠?", "그냥 궁금해서.", "너무 비싸면 다음에 사려고요.", "비싸면 다른 곳으로 가려고요."

나는 부모님의 답에 어색한 미소를 지을 수밖에 없었다. 질문을 꼼꼼히 잘 살펴보면 가격을 물을 필요가 전혀 없다. 장갑이 꼭 필요하다는 전제가 있으며 장갑을 구매할 매장은 근처에 오직 한 곳뿐이라는 전제도 있다. 가격이 얼마든 장갑을 살 수밖에 없는 상황에서 첫 질문으로 가격을 묻는 것은 적절하지 않다.

다양한 답으로 재질, 할인율, 다른 색상, 브랜드 등을 첫 질문으로 꼽았다. 내가 원하는 대답이 가끔 나오기도 했지만, 비율은 매우 낮았다. 질문에서 내가 원하는 답은 무엇이었을까? 그것은 바로 치수(사이즈)였다. 장갑을 살 때 가장 중요한 것은 치수이다. 내게 맞는 치수가 있는지부터 확인한 후 재질, 할인율, 브랜드 등을 물어도 늦지 않는다.

자신과 대면하기 위해서는 질문을 던지고 답을 찾는 자문자답 과정이 매우 중요하다. 그런데 무엇을 물어야 할지 모르거나 제대로 된 질문을 하지 못하면 진짜 내 모습과 마주하는 데 너무 많은 시간이 걸릴 것이다.

대면연습, 둘

SALE

ㄱㄴ사 가죽자켓 ~~90000~~ 10%↘
81000

ㅍ사 반바지 ~~300,000~~ 30%↘
210,000

A백화점

SALE

ㄱㄴ사 가죽자켓 ~~90000~~ 90%↘
9000

ㅍ사 반바지 ~~300,000~~ 5%↘
285,000

B백화점

두 개의 홍보 전단이 있다. 마침 사고 싶었던 물건을 할인 중이
다. A 백화점은 집에서 15km 정도 떨어진 곳에 있고 B 백화점은

집에서 5㎞ 떨어진 곳에 있다. 어느 매장에 가서 물건을 사고 싶은가?

이 질문은 앞의 질문보다 쉽게 느껴질 것이다. 선 학습에 대한 경험이, 한 번 더 생각하고 깊이 있게 생각하도록 만들 것이다. A백화점은 비싼 물건의 할인율이 높고 싼 물건의 할인율이 낮다. B백화점은 비싼 물건의 할인율이 낮고 싼 물건의 할인율이 높다. A와 B의 최종 가격은 291,000원과 294,000원으로 A백화점이 3,000원 싸지만, 집과 거리가 있어 시간과 교통비가 들어 사실별 차이가 없다고 볼 수 있다. 모두가 이 정도 생각하고 A 혹은 B를 선택할 것이다.

이번 질문엔 내가 원하는 답을 말한 학부모의 비율이 높았을까? 애석하게도 이번 역시 내가 원하는 대답의 비율은 매우 낮았다. 큰 차이는 없었지만, A백화점으로 가겠다는 학부모가 B백화점으로 가겠다는 학부모보다 조금 더 높았다. 결정의 이유는 기분 탓이었다. 어차피 두 개의 물건 다 구매하려 했던 것인데 기왕이면 비싼 물건에 할인율이 높으면 더 싸게 사는 기분이 든다는 것이었다. 충분히 일리 있는 이유였다.

이번 질문에 내가 원하는 답은 '상관없다.'이다. 어차피 가격 차이가 크게 없다면 굳이 선택하지 않아도 된다. 선택의 필요가 없는 것을 선택하려 고민할 필요가 없다는 것이다. 그렇다고 고민하면 안 된다거나 고민하는 것이 나쁘다는 말이 아니다. 직장, 가정, 육아 등 가뜩이나 많은 고민과 선택을 해야 하는 부모에게 불필요한 생각까지 더하는 것은 효과적이지 않다. 불필요한 생각이 많아지면 결정 과부하, 시간 제약, 정신 건강 등에 영향을 미쳐 정작 해야 할 생각을 못 하는 경우가 발생한다.

이럴 때는 불필요하고 과도한 생각을 버리고 간단하게 생각하는 것이 좋다. 몸이 쉬는 것만큼이나 머리가 쉬는 일도 매우 중요하다.

나부터

평온한 부모와 자녀의 관계를 위해 부모 개인의 행복은 필수다. 첫 번째 대면 연습을 통해 먼저 생각해야 할 것이 무엇인가를 살폈다. 치수가 제일 먼저여야 하는 이유는 그것만이 나와 관련된 것이고 가격, 재질, 브랜드는 내가 아닌 나 이외의 것이 중심이 돼 결정에 관여하는 것이기 때문이다. 두 번째는 불필요한 생각을 지우는 것에 대해 살펴보았다.

그런데 내 주장을 오해하는 분들이 계신다. 나는 결코 나만 행복해지자는 말을 한 적이 없다. 나만 행복해지자는 것이 아니라 나부터 행복해지자는 것이다. 나와 내 주변의 사람들이 모두 행복해지기 위해 타인을 너무 존중하기보다 나부터 살피자는 말이다.

그래서 나를 중심에 두고 생각하고 불필요한 생각을 지우라는 것이다. 이 두 가지를 항상 잊지 말고 모든 것에 적용해야 한다. 최소한 며칠만이라도 꼭 실천하길 바란다.

실천하기 위해서는 일에 너무 몰두하지 말자. 설렁설렁하라는 것이 아니라 최선은 다하고 무리는 하지 말라는 것이다. 사실 일이라는 것이 대부분 죽을 힘을 다한다고 반드시 결과가 좋은 것이 아니다. 또한 내가 며칠 농땡이를 피운다고 해서 큰일이 나는 것도 아니다. 그러니 딱 내가 해야 할 만큼만 일하자.

가정에서의 역할이 엄마라면 저녁에 무엇을 먹을지 고민하지 말자. 내가 특별히 먹고 싶은 것이 있어 고민하는 경우는 예외지만 남편, 또는 자녀에게 무엇을 먹일지 고민하지 말자. 혼자 낑낑대며 고민해 봤자, 남편이나 자녀가 알아줄 리 만무하다. 괜히 엄마만 골머리를 앓게 된다. 매일 똑같은 반찬이 나온다고 누군가 투정을 부린다면 차라리 먹고 싶은 것을 말하라고 당당하게 요구하자.

이 두 가지만 실천해도 전보다 머릿속이 한결 가볍고 시간적 여유도 생길 것이다. 그렇다고 여유로워진 머릿속이나 시간을 또 무언가로 채우려 하지 말자. 당신에게 지금 필요한 것은 쉼이다. 여유를 그냥 그대로 즐겨라. 당신은 지금까지 충분히 많은 시간을 쫓기듯 살아왔다. 행복해지기 위해 제일 먼저 해야 할 것은 나부터 여유를 갖는 것이다.

나는…

어느 정도 여유를 즐겼다면 이제 다시 머릿속을 채워보자. 이번에도 내가 중심이 되는 생각을 해야 한다. 제일 먼저 해야 할 것은 내가 누구인지를 생각해 보는 일이다.

"더불어 성장하는 행복한 터를 만들고 싶은 사람."

내가 생각하는 나를 한 문장으로 나타낸 것이다. 내가 누구인지를 스스로 정하는 일은 매우 중요하다. 이때 주의해야 할 것은 나를 명사로 단정지어서는 안 된다. 자신의 가치와 신념을 담아야 한다. 그래야 하는 이유는 가치와 신념이 담겼을 때만이 내가 진정으로 중요하다고 여기는 것이 무엇인가를 계속해서 생각하기 때문이다. 나아가 모든 상황에서 그 신념과 가치가 자신을 움직이고 그에 맞는 결정을 내리게 도와줄 것이다. 가치관과 신념에 따라 더욱 적극적으로 살아감으로써 삶에 더 많은 의미와 성취감을 가져올 수 있다. 자신에 관한 정의를 계속해서 확인하고 질문을 던지는 과정은 자기 성찰이 필요하다. 이것은 자아 인지를 심화시키고 다듬도록 해서 내가 진정 원하는 나에게 다가갈 수 있게 만든다. 또한 나와 비슷한 생각과 관점을 지닌 사람들과 연대하게 될 것이다. 공유된 가치를 기반으로 더 깊은 연결과 의미 있는 관계로 성장해 나갈 수 있으며 이것은 표면적으로 연결된 관계보다 한층 더 조화롭고 끈끈한 관계를 이끌 것이다.

그러나 지금 당장 자기 자신을 정의하는 일은 쉽지 않다. 지금까지 나를 소개할 때 했던 말들을 하나씩 떠올려 보자. 직업, 취미, 사는 곳, 좋아하는 것 등 모두 표면적인 것뿐이었다. 이것들은 그저 당신의 이력일 뿐이다. 이것이 당신이란 사람을 담아내고 있는 것은 아니다. 간단히 하나만 짚어 보자. 많은 사람이 직업이 자신을 대변한다고들 한다. 정말 그럴까? 성적에 맞춰 대학 전공을 정하고 취업을 위해 전공과 상관없는 직업을 갖는 사람들이 수두룩하다. 그런데도 직업이 당신을 담아내고 있다고 말할 수 있겠는가?

지금도 늦지 않았다. 진짜 내가 행복해지기 위해서는 내가 어떤 사람인지를 지금부터라도 고민하고 생각해야 한다. 그 첫걸음으로 내가 어떤 사람인지 잠시 생각하고 정의 내려 보자.

나는 _____이다.

지금 위에 한 줄을 채워 넣었다고 해서 끝난 것이 아니다. 이것은 성장을 통해 계속 변화할 것이다. 그러므로 일정한 간격을 두고 계속해서 나를 정의하는 일을 반복해야 한다.

Tip 날짜를 정하고 매달 한 번씩 작성할 것을 권한다.

가치? 신념?

개인이 인간과의 관계로 지니게 되는 중요성을 가치라고 말하고 굳게 믿는 마음을 신념이라고 정의한다. 어려운 말이다. 도무지 무엇인지 감조차 잡히지 않는다. 와 닿지도 않고 뭐가 뭔지 난해하기만 하다. 그렇다면 이 불편한 정의를 간단하게 바꾸는 일부터 해야 한다. 가치란 호불호에서 불호를 지우고 호를 반복해서 선택하는 것이다. 즉 내가 반복적으로 좋아하는 것이 곧 가치가 되는 것이다. 그리고 그 가치를 기반으로 믿고 따르게 되는 것을 신념이라고 할 수 있다.

이렇게 말했더니 누군가가 내게 이런 말을 했다.

"맞네. 맞아. 난 계속해서 돈이 좋고 반복적으로 돈을 원해. 그리고 나는 그 돈을 믿어. 그러니까 나의 가치이자 신념은 돈이네!"

그럴싸한 말이다. 하지만 돈은 가치나 신념이 될 수 없다. 이유는 돈이 최종 목적일 수 없기 때문이다. 만약 돈이 최종 목적이 될수 있다면 돈을 벌어 은행이나 금고에 가만히 가두고만 있어야 한다. 그것 자체로 만족감이나 충만감을 얻어야 하는데 그런 사람은 흔하지 않다. 돈은 다른 것으로 대체했을 때 진짜 가치를 지닌다. 결국 돈은 수단이지 목적이 될 수 없다는 말이다. 그러므로 우리가 그토록 좋아하는 돈은 가치나 신념이 될 수 없다.

개인의 가치나 신념을 찾기 위해서 가장 먼저 해야 할 것은 나의 호불호를 찾는 것이다. 호불호는 옳고 그름의 문제가 아니다. 그러니 그 어떠한 것도 상관없다. 혹여나 내가 좋아하는 것들이 남에게 가치 없는 것이면 어쩌나 고민할 필요가 없다는 말이다. 나는 나 혼자 잘 먹고 잘사는 것보다 내가 조금 덜 만족스럽더라도 더 많은 사람이 불편함 없이 살아가는 것이 좋다. 그렇기에 '더불어', '함께'라는 말을 좋아한다. 반면에 누군가는 개인이 우선인 사람도 있다. 그렇다고 함께하는 것이 옳고 개인적인 것이 틀렸다고 말할 수는 없다. 나의 가치는 내가 좋아하는 것에서부터 시작한다. 그래서 우리는 타인의 가치도 존중해야 한다. 애초에 옳고 그른 것이 아니기에 나의 가치만 소중하고 나와 다른 가치는 의미 없다고 생각하는 것은 잘못이다.

가치 상속

　가치와 신념을 가지고 사는 것은 의미 있고 목적 있는 삶을 위해 매우 중요하다. 하지만 이 개념 자체가 매우 난해하고 모호한 것이라 가치와 신념을 확립하기도 힘들고 이를 유지하는 것 또한 어렵다. 그러나 어설프게라도 확립된 가치와 신념이 나의 삶을 더욱 단단하게 지탱하고 있다는 사실은 분명하다.

　내가 나만의 가치와 신념을 갖게 된 것은 얼마 되지 않지만 지금 생각해 보면 그것에 관한 질문은 어린 시절부터 계속됐다는 생각이 든다. 나는 서울 토박이다. 그것도 강남 한복판에서 나고 자랐다. 하지만 나에게 학교생활은 어떤 면에서 창피함, 그 자체였다. 80년대부터 그곳에 아이들은 대부분 브랜드 운동화를 신고 다녔지만, 나는 중학교를 졸업할 때까지 단 한 번도 브랜드 운동화를 신어 보지 못했다. 늘 시장에서 파는 출처를 알 수 없는 운동화만 신었다. 부모님께 아무리 졸라도 돌아오는 답은 늘 한결같았다.

"신발은 발을 보호하기 위해 신는 거야. 자신에게 당당하지 못한 사람이 그것을 감추려고 비싼 브랜드 운동화를 신는 거란다. 너는 브랜드 신발을 신는 사람이 아닌 스스로가 브랜드인 사람이 되거라."

나는 부모님께서 그렇게 말씀하시는 게 너무 싫었다. 집에 돈이 없는 것도 아니고 친구들은 하나같이 나○○, 아○○○ 운동화를 신는데, 나는 왜 일명 '시장통' 신발을 신어야 하는지 화가 났다. 그래서 중학교 마지막 겨울 방학 때 주유소에서 아르바이트를 한 돈으로 나○○ 운동화를 신고 고등학교 입학식에 참석했다. 나는 내가 아르바이트를 통해 번 돈으로 운동화를 샀음에도 부모님께 엄청 혼이 났다. 부모님은 힘들게 번 돈으로 기껏 산 것이 브랜드 운동화냐고 말씀하셨다.

가치관이 뚜렷한 부모님 밑에서 구박받으며 성장했지만 나는 여전히 브랜드 운동화를 신는다. 사람들이 소위 말하는 명품도 한두 개 가지고 있다. 그에 반해 부모님은 내가 선물한 것 외에는 직접 구매하신 브랜드 제품이 정말 하나도 없다. 부모님과 나는 조금의 차이를 보이지만 나의 선택과 결정에 부모님의 가치관이 상속되었음은 분명하다. 나 역시 브랜드에 가치를 부여하지 않는다. 물건 자체가 예뻐서, 좋아서 산 것이지 사람들이 그것을 선호하거나 하나쯤은 가지고 있어서 산 것이 아니다.

"너 또 그 옷이야? 돈이 없어? 징글징글하다. 옷 좀 사라!"

나를 자주 보는 친구들이 늘 하는 말이다. 기분이 나쁠 수도 있겠지만 나는 그러려니 한다. 내가 좋아서 산 옷이니 자주 입는 것은 당연하고 해지거나 체형에 안 맞아 못 입는 옷이 아니니 버릴 이유가 없다. 버리지 않으니 다른 옷을 살 이유도 없다. 물건을 대하는 나의 가치관은 나도 모르는 사이 부모님의 가치관을 상속받아 내 삶에 조금씩 묻어난다.

내가 좋아하는 것, 하나

가치와 신념에 관해 이야기하며 가치는 호의 연속이라고 했으니 이제 내가 좋아하는 것을 찾아보자.

내가 좋아하는 것	내가 싫어하는 것

좋아하는 것과 싫어하는 것을 적어 보라고 하면 참 희한하게도 사람들은 싫어하는 것은 잘 쓰는데 좋아하는 것에서 머뭇거리는 경우가 있다. 어처구니없는 생각이지만 우리가 어렸을 때부터 뭔가를 하라는 말보다 하지 말라는 말을 더 많이 들어서 자연스럽게 싫어하는 것에 관한 생각이 좀 더 확고한 것일지도 모르겠다. 자신이 싫어하는 것을 명확하게 알고 있다는 것은 매우 긍정적인 일이지만 기왕이면 좋아하는 것도 명확하게 알고 있는 것이 더 좋다고 생각한다.

　사랑에 관한 글귀 중에 "연애 상대에게 사랑받기 위해서는 상대방이 싫어하는 것을 안 하는 것이 더 효과적이다."라는 말이 있다. 고개가 끄덕여지기는 하지만 상대방이 좋아하는 것을 하는 게 좀 더 효과적이지 않을까? 싫어하는 행동을 하지 않는 건 어찌 보면 당연한 것이다. 그 당연한 것을 하지 않기 때문에 분란이 생겨 나온 말이겠지만, 상대방이 싫어하는 것을 하지 않는 건 지금의 상태를 유지하는 데 그친다. 상대방에게 감흥을 주기에는 부족함이 있다. 쉽게 말해 싫은 것을 하지 않았다고 상대방에 대한 호감이 상승하는 것은 아니라는 말이다.

　내가 싫어하는 것을 명확하게 알고 그것을 피해 안도감을 얻을 수 있겠지만, 그것이 행복을 주거나 기분을 상승시킬 수는 없다. 내가 좋아하는 것을 정확히 알고 그것을 실행했을 때 비로소 긍정적인 감정의 변화가 생긴다. 그러니 지금부터는 내가 좋아하는 것을 찾는 데 집중해 보자.

내가 좋아하는 것, 둘

필자가 좋아하는 것	내가 좋아하는 것
• 담배 피우기	
• 드라마 보기	
• 가족과 맛있는 음식 먹기	
• 사람들과 수다 떨기	
• 혼자 여행하기	
• 가족과 여행하기	
• 침대에서 뒹굴며 과자 먹기	
• 생각이 다른 사람과 토론하기	

내가 좋아하는 것을 필자가 좋아하는 것에 나열해 봤다. 어떤 생각이 드는가? 좋아하는 것 맨 앞에 담배 피우기를 둔 것이 불

편한가? 드라마 보기, 침대에서 뒹굴며 과자 먹기 등을 볼 때 눈살이 찌푸려지는가? 그럴 수 있다. 그리고 그래도 괜찮다. 저것들은 내가 좋아하는 것들이 분명하다. 그리고 숨길 이유도 없다.

나는 내가 좋아하는 것을 할 때 행복하다. 사람들이 좋아하는 것을 적을 때 유독 어려워하는 이유 중 하나가 타인의 눈에 어떻게 비칠지 걱정하는 것이다. 다음은 좋아할 만한 가치가 있는 것인지를 스스로 검열하는 것이다. 그런데 그럴 필요 없다. 그저 내가 좋아하는 것들을 적으면 된다. 내가 좋아한다고 해서 그것들이 전부 가치로 연결되는 것은 아니며 내가 좋아하는 것을 타인에게 강요할 것도 아니기에 고민할 필요가 없다.

담배를 좋아하지만, 담배는 가치가 될 수 없고, 타인에게 권하고 싶은 마음도 없다. 간혹 타인에게 피해를 주는 기호품이라며 인상을 찌푸리는 사람들이 있는데, 최대한 타인에게 피해가 가지 않도록 가려서 피운다. 그러니 내가 담배를 선호하는 것을 굳이 숨기고 싶지 않다.

담배 피우는 것을 즐기는데, 이것이 타인에게 피해를 주고 좋아할 만한 것으로 선택할 가치가 떨어진다는 생각에 눈치를 본다면 행복함을 느낄 기회를 하나 잃게 되는 것이다. 좋아하는 것에는 옳고 그름이 없다. 물론 좋아하는 것이 범죄이거나 사회 통념상 인정되지 않는 것이라면 얘기가 다르지만, 그렇지 않다면 너무 눈치 볼 필요는 없다.

내가 행복해지기 위해서는 내가 무엇을 좋아하는지 명확하게 알고 있어야 한다. 가치판단을 내릴 필요도 없고 타인의 눈치를 볼 필요도 없다. 나에게 솔직해질 수 있을 때 한 발짝 더 성숙해질 수 있다. 사람들이 말하는 내면의 성장은 생각처럼 거창한 것이 아니다. 내가 나에게 솔직해지는 것에서부터 출발하면 된다.

당신이 진짜 좋아하는 것은 무엇인가?

기록하기

    나는 글쓰기를 무척이나 좋아한다. 어렸을 때 꿈은 작가와 기자였다. 모두 글을 쓰는 것을 업으로 하는 직업군이다. 내가 글쓰기를 좋아하게 된 것은 초등학교 2학년 때 독후감 대회에서 상을 받은 뒤였다. 그때 내가 쓴 독후감 내용이 정확하게 기억나지는 않지만, 형식은 똑똑히 기억난다. 편지 형식의 독후감이었다. 지금이야 틀에 박힌 독후감 형식에서 자유로워졌지만 30년 전에는 그렇지 않았다. 책 내용을 쓰고 느낀 점을 적어 넣는 형식이 정석이었을 때 나는 주인공에게 편지를 써버렸다. 주인공의 잘한 점과 잘못한 점을 적으며 바라는 내용까지 적어 넣었다. 말 그대로 형식 파괴에 내 맘대로였다. 그렇게 쓴 글이 전국 대회에서 입상하게 되었고 나는 그 뒤로 내가 글쓰기에 천부적인 소질이 있다는 망상에 빠져들었다.

그렇다고 해서 내가 매일 일기를 쓰거나 창작 활동을 했던 것은 아니다. 처음에는 좋은 아이디어나 괜찮은 소재가 생기면 녹음했다. 하지만 녹음 파일을 재생하는 것은 여간 귀찮은 일이 아니었다. 내가 원하는 부분을 정확히 찾을 수도 없었고 퇴고하기도 불편했다. 그래서 기록을 시작했다. 초반에는 형식을 무시한 낙서였다. 나름의 기준을 정해 나의 생각을 알아보기 쉽게 메모했지만, 이것 역시 비슷한 문제가 드러났다. 그렇게 나는 몇 차례의 불편함을 경험하고 나서 나만의 방식으로 기록하기 시작했다. 그리고 나는 여전히 내가 터득한 방식으로 기록하고 퇴고하며 반성한다.

내가 기록을 권하는 이유는 기록은 나만의 전유물이라는 데 있다. 글쓰기를 권하는 대부분의 책에서 똑같은 말을 하는데, 이 말보다 더 적당한 말을 나도 찾지 못했다. 기록은 누구에게도 보여주지 않는 나의 감정 공간이며 누구도 알지 못하는 나만의 일상이다. 방식 또한 정해지지 않은, 스스로 풀어내는 나의 발자취가 담긴 다락방이다. 볼 사람이 없으니 다른 사람의 비평에 눈치 볼 필요가 없다. 오로지 그 공간에는 내 생각만 존재한다. 온전히 내가 나에게 솔직해질 수 있는 특별한 공간을 만드는 것이 바로 기록하기이다.

내가 여러분에게 권하는 것은 글쓰기가 아닌, 기록하기다. 글쓰기는 어딘지 모르게 부담스럽다. 그러니 부담 갖지 말자. 형식도 필요 없고 글씨를 예쁘게 쓸 필요도 없으며 타인의 비판도 일절 없다. 자기반성을 통한 성장이 꼭 필요한 것도 아니다. 그냥 기록하고 다시는 읽지 않아도 괜찮다. 화나고 속상할 때 그저 기록하기만 하면 된다. 요동치는 감정 기복을 기록에 꾹꾹 눌러 담고 꽁꽁 싸매, 한쪽에 던져 놓자. 당신 외에는 누구도 들어올 수 없는 기록의 공간을 오늘부터 만들어보자.

세심하게

오랜만에 가족들과 함께 식당에 가서 맛있는 음식을 먹었다. 음식도 맛있었고 엄마 아빠와 함께여서 더 기뻤다. 행복한 하루였다.

초등학교 시절 내 기록 중 일부이다. 기록을 남기고 얼마 지나지 않아 다시 기록을 열어 볼 땐 그날의 장면이 생생하게 떠오르곤 했다. 그런데 시간이 차츰 더 지나면서 기록은 무의미해졌다. 그날의 기억이 떠오르지 않은 것은 물론이고 기록에 대한 궁금증이 해결할 수 없는 미완료 상태로 남아 답답함을 일으켰다. 그리고 어느 순간부터는 그 기록을 보지 않게 됐다.

그날의 행복함이 단순히 음식 때문이었는지 아니면 부모님과 함께였기 때문인지 알 방법이 없었다. 그날 먹은 음식은 무엇이었을까? 어린 시절의 나는 부모님과 함께 어딜 잘 다니지 않았었나? 대체 무엇이 그날의 나를 행복으로 이끌어 기록을 남기게 했을까? 꼬리에 꼬리를 무는 질문만 쏟아질 뿐 그날의 행복을 다시 소환할 방법이 없었다. 그 뒤로 나는 기록하는 방법을 조금 수정했다, 최대한 구체적으로 문장을 기록하는 세심함을 갖기 위해 노력했다.

한 달 만에 가족들과 함께 식당에서 맛있는 한우를 먹었다. 요즘 부모님이 바쁘셔서 집에서 대충 식사하는 시간이 많았는데 이렇게 같이 외식하게 돼 행복했다. 아버지가 열심히 불판에 고기를 구워 내 밥 위에 올려놓는 모습이 너무도 감사했고 사랑을 느낄 수 있었다.

구체적 기록은 시간이 지나도 그날을 떠올릴 수 있게 한다. 또한 막연히 내가 좋아하는 것에 대한 이유를 찾는 계기가 되기도 한다. 나는 다정한 아빠가 아니다. 하지만 유독 가족과 함께 외식하는 걸 즐긴다. 가족과 외식할 때면 내가 직접 고기를 굽거나 생선을 바르는 일에 솔선수범한다. 이상하게 그래야만 한다는 생각이 들기도 하고 그런 행동이 나를 기쁘게 한다. 이유를 알 수 없는 내 행동에 기록이 그 답을 줬다. 어린 시절 아버지가 구워주신 고기가 내게는 참으로 특별했던 모양이다. 그날의 일이 몸에 배어, 나 역시 자녀들에게 좋은 아빠의 모습을 보여주고 싶은 생각에 그런 행동을 무의식적으로 하는 것이었다.

구체적으로

필자가 좋아하는 것
• 담배 피우기
• 수사물 드라마 보기
• 가족과 맛있는 음식 먹기(회, 고기 등)
• 사람들과 수다 떨기
• 익숙한 곳 혼자 여행하기
• 새로운 곳 가족과 여행하기
• 침대에서 뒹굴며 과자 먹기
• 생각이 다른 사람과 토론하기

내가 좋아하는 것을 나열했던 표를 다시 한번 살펴보자. 위에서는 그냥 의미 없이 지나쳤지만, 이번에는 아까와는 다른 것이

보이는가? 드라마 보기가 아니라 수사물 드라마 보기. 맛있는 음식 먹기가 아니라 가족과 맛있는 음식 먹기. 여행을 좋아하지만, 익숙한 곳은 혼자, 새로운 곳은 가족과 여행하는 것을 즐긴다. 이처럼 구체적인 예시는 내가 좋아하는 것을 좀 더 분명히 한다.

내가 나를 명확히 알아야 하는 이유는 좋아하는 것을 하면 행복해지기 때문이다. 그런데 내가 좋아하는 것을 분명히 모른다면 행복에 이르는 데 방해를 받는다. 여행을 좋아한다고 생각하고 낯선 곳으로 혼자 여행을 떠났다. 그런데 어딘지 모르게 불편하고 공허함까지 느껴진다. 여행을 좋아한다고 생각했는데 그게 아닌가 하는 고민이 들기 시작한다. 처음에는 장소 탓으로 돌려보지만 계속해서 낯선 곳에 혼자 여행을 다니는 것이 내키지 않는다. 그러고는 마침내 여행을 싫어하는 결론을 내리고 더 이상 여행을 떠나지 않게 된다. 이렇게 된다면 의도치 않게 행복해질 수 있는 길을 본인도 모르게 잃게 되는 것이다.

구체적이고 세심한 기록은 내가 나아가야 할 방향을 정확하게 제시한다. 꼭 그것이 아니더라도 최소한 잘못된 판단을 내리는 것을 방지할 수 있다. 내가 나를 잘 파악하기 위해서는 섣불리 판단하지 말고 다양한 시행착오를 겪은 후 작은 것도 구체적이고 세심하게 기록하려는 노력이 필요하다.

감정 공부

부모가 자녀에게 가진 불만 중 하나는 불분명한 자기표현이다. 그중에서도 감정에 대한 표현은 자녀나 부모 모두가 서툴다. 상태를 묻는 말에 대부분 "좋다, 싫다."와 같은 말로 모든 것을 대신한다. 이러한 상투적 표현에서 조금 발전해 "좀, 많이, 엄청" 등과 같은 부사어를 첨부하는 것에 그친다. 이러한 제한된 범위의 감정 표현은 우리가 가진 경험의 풍부함을 단순화시킨다.

중요한 프레젠테이션이 있는 날. 주인공은 만반의 준비를 마치고 임원들 앞에 섰다. 다소 긴장은 했지만, 초반 PPT는 순조롭게 진행됐다. 마지막 슬라이드를 클릭했을 때, 그래프의 오류가 발생했다. 주인공은 무언가 잘못됐다는 것을 깨달았다. 모두의 시선이 주인공을 향했고 장내에는 침묵이 흘렀다.

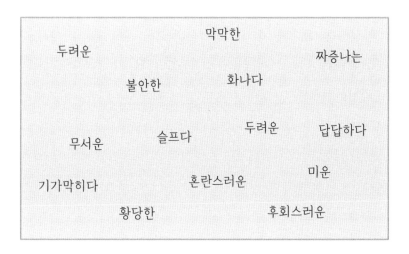

상자 안에 있는 단어들은 위에 같은 상황에서 주인공이 느낄 수 있는 다양한 감정들이다. 물론 상자 안에 쓰인 말 이외에도 훨씬 다양한 감정 표현이 있다. 그러나 우리는 이러한 상황 표현에 싫어, 망쳤어, 나빠 등의 제한된 표현을 자주 사용한다. 이러한 제한된 표현을 사용하는 것은 상황에 관해 설명하고 싶지 않아서 일 수도 있겠지만 대부분 자신의 감정을 정확히 표현할 줄 모르기 때문인 경우가 더 많다.

만약 이 상황에서 두려움을 느꼈다면 정신이 멍하고 뭘 해야 할지 모르는 혼돈의 상태에 빠질 것이다. 주인공은 우왕좌왕하며 다음을 대처하지 못할 가능성이 높다. 이와 조금 다르게 막막함을 느꼈다면 주인공은 어렵겠지만 다음 대처를 생각해 볼 여지가 남아 있다. 짜증이나 화가 난다면 주인공은 대처 방법을 알고 있을 가능성이 높다. 단순히 이런 상황이 발생한 것에 대한 감정적 분노일 뿐이다.

이처럼 정확한 표현의 사용은 감정의 복잡성을 더 잘 포착하고 전달할 수 있다. 이것은 자신의 감정에 대한 미묘한 이해를 가능하게 하고 다른 사람들과의 효과적인 커뮤니케이션을 가능하게 한다. 감정 어휘를 확장하는 것은 자신의 감정을 식별하고 구체적으로 표현할 수 있게 해 준다. 이는 자신의 감정을 효과적으로 탐색하고 관리하도록 돕는다. 나의 감정 상태를 정확히 아는 것은 자기 성찰을 통해 자신의 감정을 검증하고 인정할 수 있게 한다. 감정 인식 및 인정은 앞으로 나아가기 위한 필수 과정이라 할 수 있다. 감정의 명확한 인식은 문제 해결과 갈등 해결에 도움이 된다. 똑같은 상황을 반복하고 그 상황에서 잘 벗어나지 못하는 이유가 정확하게 자신의 감정을 인식하지 못했기 때문일 가능성이 높다.

뿐만 아니라 자신의 감정을 정확하고 다양하게 표현하는 것은 타인에게 공감을 불러올 수 있다. 자신의 감정을 타인이 이해함으로써 정서적 안녕을 갖게 된다. 이는 마음의 회복력을 높이며 자기 조절력에도 영향을 미친다. 만약 자신의 감정이 타인에게 공감을 얻지 못한다면 오해를 불러올 수 있으며 더 나아가 감정을 무시당하는 결과로 이어질 수 있다. 타인에게 감정을 무시당하면 외로움, 좌절감 등 정서적으로 부정적인 영향을 받게 된다.

정리하면 감정을 정확하게 인식하고 표현하는 것은 자기반성, 진정성, 갈등 해결 및 스트레스 감소 등 개인의 성장을 촉진한다. 감정 공부를 통해 우리는 삶을 효과적으로 탐색하고 의미 있는 관계를 구축하며 더 깊은 이해와 수용을 가져야 한다.

두루뭉술한 감정은
거대한 소용돌이를 일으켜
나를 엉뚱한 곳으로 보낸다.

감정을 스스로 컨트롤할 수 없으면
내가 누구인지도
상대가 무엇을 느끼는지도 알 수 없다.

뒤죽박죽 뒤엉킨 감정의 테트리스를
차곡차곡 정리하는 힘을 가져야 한다.
긍정적인 감정에 도취되지도 말고
부정적인 감정에 근심하지도 말자.

정확한 감정의 인지는
나를 자유롭게 하고 치유할 것이다.

나를 지키기 위해

"당신의 하루는 어땠나요?"

30-40대 부모들에게 이 질문을 던지면 말문이 막혀버리는 분들이 생각보다 많다. 상담을 통해 마주하게 되는 것 중 하나가 회의감이 밀려드는 것에 대한 고민이다. 상대적으로 자녀를 양육하는 부모는 여러 책임을 떠안고 있다. 가정을 유지하는 것은 물론이고 직장에서도 맡은 중책이 절대 가볍지 않다. 누구보다 최선을 다하고 열심히 살았음에도 자녀는 생각처럼 양육되지 않는다. 모든 것에서 힘들고 늘 위태롭기만 한 위치와 무게는 자주 회의감에 젖어 들게 만든다.

사실 이러한 감정은 너무나 당연하다. 직장, 육아, 가사 그리고 가족의 관계를 연결 짓는 일까지 모든 것에 책임이 따른다. 끊임없는 요구에 압도되고 정신과 체력은 고갈된다. 이것은 부모의 희생을 당연하게 만들며 자기의 존재감을 잃은 것 같은 생각으로 이어지게 한다. 이러한 상황은 회의감과 허탈함을 불러오는데, 특히 이것을 직시하게 되는 경우가 눈에 보이는 성과, 결과물을 얻지 못했을 때 자주 나타난다. 그러나 잘 생각해 보자. 자신의 욕구를 뒷전으로 미루고 눈코 뜰 새 없이 하루하루를 충실히 채워가는 부모가 눈에 보이는 성과나 결과물을 얻는다는 게 어디 쉬운 일일까?

그렇다고 그게 당연하니 그냥 덮어두고 살아가라고 하는 것은 너무나 잔인하다. 지금보다 조금 더 노력하며 치열하게 하루하루를 살다 보면 언젠가는 성과나 결과물이 생길 것이라고 말하는 것도 뜬구름 잡는 얘기에 불과하다. 그래서 내가 권하는 것이 기록이다.

기록은 나의 삶을 사라지지 않게 하며 결과물로 남길 수 있는 최고의 방법이다. 삶을 기록하는 것은 유령처럼 지나간 시간을 눈에 보이게 되살리는 일이다. 자신의 감정을 담고 자신을 표현할 때만큼은 오롯이 자기 자신으로 존재한다. 시간이 거듭될수록 기록의 두께는 두꺼워지고 그만큼의 부피가 눈에 보이는 성과이며 결과물을 남기는 일이다.

기록하고 그 기록을 다시 읽으며 허탈함이나 회의감에서 자신을 보다 적극적으로 지켜낼 수 있기를 간절히 바라본다.

Kick the Bucket

- 가족 생일 잘 챙기기
- 자기합리화 하지 않기
- 나 스스로를 사랑하기
- 하루에 한 시간씩 공부하기 꼭!
- 할 말 다하기
- 국내 여행 다니기
- 군것질 줄이기
- 8kg 다이어트 하기
- 하루에 5km 이상 달리기
- 일찍 자기
- 자기개발에 힘 쓰기
- 위 내용을 꾸준히 지키기

중세 시대 교수형을 집행할 때 죄수의 목을 올가미로 두른 뒤
양동이 위에 올라서면 양동이를 차, 형을 집행하는 것에서 유래한

것이 Bucket list이다. 흔히들 죽기 전에 꼭 해야 할 일이나 하고 싶은 일들에 대한 것을 적는다. 죽기 전에 해야 할 일을 생각하다 보니 거창하기도 하고 막연하기도 하다. 그래서 Bucket list는 꼭 해야 할 일이나 하고 싶은 일보다는 자기반성에 가까운 것을 기록한다. 또는 모호하고 자기의 영역 밖에 있는 것들을 기록하기도 한다.

Bucket list 작성 역시 일종의 기록이다. 다만 이 기록을 보다 효율적으로 활용할 수 있는 방안을 제시하고 싶다. Bucket list를 기록할 때 평생에 걸쳐 가능할지 불가능할지 모를 거대한 것을 적을 것이 아니라, 막연한 것을 좀 더 구체적으로 만드는 연습을 했으면 좋겠다. 자신의 열정, 욕망, 목표를 명확하게 설정하자. 나를 더 사랑하기보다는 나에게 ○○하기. 하루에 한 시간씩 공부하기 보다는 ○○ 공부하기 등 보다 구체적인 목표를 설정하는 것이 바람직하다. 그리고 기왕이면 편안한 영역을 벗어나 새로운 것에 도전 의식을 일으키는 것으로 작성하자. Bucket list를 통해 새로운 활동을 시도하고 시야를 넓히는 동기로 활용하길 권한다.

Bucket list 작성은 그것을 달성하기 위해 기록하는 것이다. 단순히 허황된 목표를 설정하는 것은 오히려 Bucket list를 무의미하게 만들어 버린다. 하루에 5km 이상씩 달리기는 단 하루라도 멈추게 되면 목표 자체를 달성하지 못하게 된다. 긴 기간을 설정하는 것보다는 삼 일, 오 일처럼 조금씩 기간을 늘려가는 것이 목표 달성을 수월하게 할 것이다. 일찍 자기와 같은 모호한 기준을 적으면 목표 달성을 분간하기 어렵다. 구체적인 시간을 적는 것이 효율적이다. 기왕이면 나의 Bucket list인 만큼 내가 주도적으로 할 수 있고 외부 변수에 영향을 덜 받는 것으로 정하는 것이 좋다.

최종적으로 Bucket list 작성에 너무 많은 것을 적으려 욕심 부려서는 안 된다. 처음에는 일단 생각을 쏟아 낸다. 실현이 가능하든 불가능하든 개의치 말고 다 쏟아 내라. 그런 후에 최종의 Bucket list를 작성하기 위해 선택과 집중의 과정을 거쳐야 한다. Bucket list에서 가장 중요한 것은 자신에게 만족을 주는 것이어야 한다. 더불어 성취감을 가져다주는 경험이어야 한다. 자신에게 정말 중요한 것이 무엇인지 놓치지 않도록 시간과 자원을 적적하게 분배해야 한다. 이것은 우선순위를 결정하는 것으로 자신의 신념과 가치관을 엿볼 수 있는 매우 의미 있는 과정이 될 것이다.

week graph

인생 그래프에 대해 한 번쯤은 다들 들어 봤을 것이다. A4 용지 한가운데 선 하나를 그려 놓고, 선 중간중간에 '10대, 20대, 30대…'의 분기점을 정해 곡선으로 좋고 나쁨을 스스로 그려 내는 활동이다.

일반적으로 인생 그래프 그리기 활동은 개인의 성장, 자기 성찰, 그리고 삶의 여정에 대한 깊은 이해에 도움이 된다. 그래프를 통한 시각화는 삶의 궤적과 발전을 한눈에 확인할 수 있다는 장점이 있다. 삶의 과정에서 다양한 영역들 사이의 연결, 교차 그리고 영향을 관찰할 수 있다.

이러한 장점에도 불구하고 인생 그래프 그리기 활동을 하다 보면 의도치 않은 문제점이 발생한다. 30~40대 학부모들의 10대가 극과 극이라는 것이다. 한쪽은 모든 것이 풍족하고 여유로우며 근심 걱정 없는 그야말로 싱그럽고 풋풋한 10대의 표본이고 다른 한쪽은 우여곡절과 모진 풍파를 경험한 암울한 시기 그 자체라는 것이다. 정말 그랬는지는 알 수 없다. 그러나 한 가지 재미있는 것은 그 시간을 함께 보낸 가족이나 친구들과 둘러앉아 얘기를 나눠 보면 개개인 별로 그 시절에 대한 기억이 각기 다르다는 것이다.

이처럼 같은 경험을 각각이 다르게 기억하는 것은 과거 나의 모습이 현재 나의 상태와 바람으로 오류를 일으켰을 가능성이 있기 때문이다. 그러나 우리는 그것을 오류라고 깨닫지 못한다. 기억이란 정적인 것이 아니어서 현재의 감정, 마음의 상태, 지금의 상황이나 조건에 바탕이 되기 때문이다. 현재 상황이나 감정이 과거 기억을 물들여 편견을 만들었을 가능성이 높다.

예를 들어, 현재 상황이 긍정적이라면 우리는 과거의 행복했던 시간이 오늘의 나를 만든 것이라 생각하기 쉽고, 반대로 현재 상황이 부정적이라면 과거의 불행했던 시간이 지금의 나를 만든 것이라 생각하기 쉽다. 우리는 이러한 이유로 기억의 오류를 인지하지 못하고 그것을 사실로 만들어 버린다. 설령 과거의 기억이 오류가 아니라 할지라도 이미 30년이 지나버린 기록조차 되어 있지 않은 기억을 정확히 끄집어낸다는 것은 무리가 따른다.

이 외에도 또 다른 불필요한 상황과도 마주한다. 인생 그래프를 그리는 궁극적인 목적은 지난 삶을 통해 자신의 감정과 개선이 필요한 영역을 확인하고 성장을 위해 미래를 설계하는 것에 있다. 그런데 인생 그래프를 통해 미래가 아닌 되돌릴 수 없는 시간에 대한 후회를 갖는다면 어떻게 될까? "내가 그때 지금의 남편을 만나지 말았어야 했는데." "내가 그때 ○○이 아닌 ○○을 전공으로 선택했어야 했는데." 이와 같이 10년이 훌쩍 지나버린 시간의 후회는 속된 말로 하나 마나 한 무의미한 것이다.

그래서 나는 주 단위의 그래프를 그리는 것을 추천한다. 일단은 글쓰기 기록에 아직 익숙하지 않은 이들에게 이 단순한 주 단위 그래프는 정확한 기억에 적절한 반응을 가능케 한다. 뿐만 아니라 후회를 보다 긍정적인 방향으로 돌리는 데 충분한 시간을 확보해 준다. 주 단위 그래프는 단순한 인생 그래프의 축소판이 아니다. 하루의 시간에도 긍정적인 감정과 부정적인 감정이 공존한다. 그런데 인생 그래프는 그것을 더하고 빼서 평균의 값을 구한다. 그렇게 되면 부정적인 감정이 강한 날은 긍정적인 감정을 무시하고 표시하게 되는 현상이 발생한다. 하지만 그날의 어떠한 감정도 무시하지 않기를 바란다. 그래서 요일별로 긍정적 감정의 그래프와 부정적 감정의 그래프 두 개를 모두 표시할 것을 권한다.

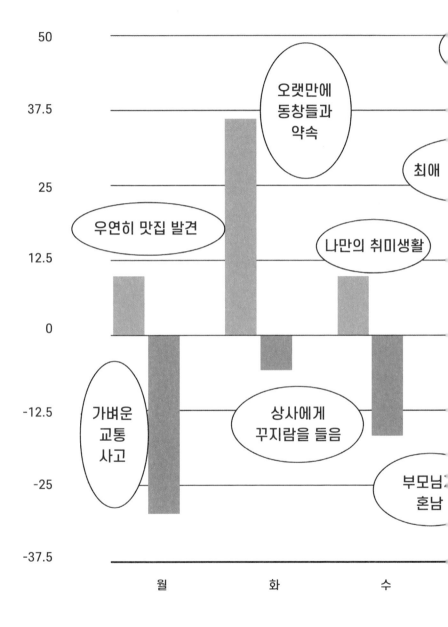

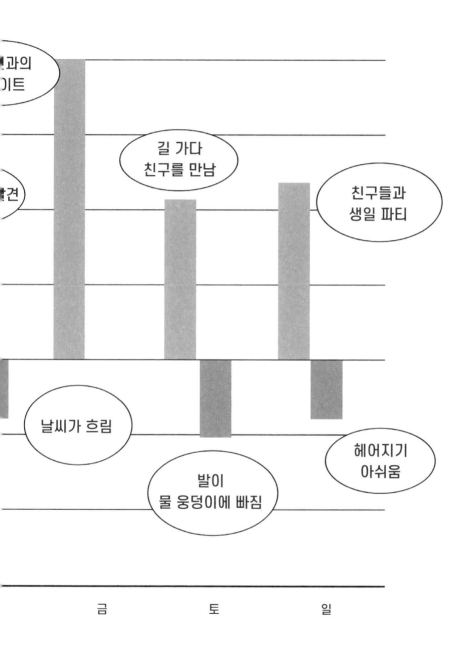

Wish list

    사고 싶은 물품이나 받고 싶은 상품을 나열한 목록을 작성해 보자. 이것은 Bucket list와는 조금 다른 형태의 목록이다. Bucket list가 막연한 상상에서 비롯된 것이었다면 Wish list는 말 그대로 눈에 보이는 것을 내 손 안에 직접 움켜쥐는, 보다 사실적이고 때론 충동적이며 때로는 희망 고문에 가까운 목록이라고 할 수 있다.

    그런데 지금부터 우리가 작성해 볼 Wish list는 보통의 Wish list와는 조금 다르다. 직역해서 'Right now, Wish list'이다. 당장 내일 사고 싶거나 받고 싶은 물품의 목록을 적는 것이다. 그리고 일주일 동안 매일같이 빠짐없이 기록하고 실천하기 위해 노력해야 한다.

어째 조금 김이 빠지고 실망스러운가? 막상 기록하려니 무엇을 적어야 할지 막막하고 기록 자체가 무의미하다고 느껴지는가? 그럴 수 있다. Wish list를 작성하라고 했을 때 무엇을 상상하고 있었을지 대충 짐작이 가능하다. 여성분의 머릿속에는 C사의 버킷 백, M사의 패딩, L사의 장신구가 남성분의 머릿속에는 B사의 고급 세단, P사의 손목시계 등이 있었을 것이다. 하지만 이것들은 내일 당장 사기에는 무리가 있는 물건들이어서 Right now, Wish list에는 적을 수 없다.

내일 당장 사고 싶은 것이나 받을 수 있는 것 중에 아무리 생각해도 Wish list라고 할만한 것이 없을 것이다. 그렇다고 해도 적어야 한다. 곰곰이 생각하다 보면 분명히 적을 것이 생긴다. 하나씩 차근차근 짚어가 보자. 내일 당장 살 수 있는 것은 … 우리가 흔하게 마시는 커피가 떠오른다. 그런데 그거야 언제든 얼마든 먹을 수 있기에 Right now, Wish list에 적기엔 어딘지 시시해 보인다. 그래서 다른 것들을 생각해 본다. 디저트, 가벼운 귀걸이, 주전부리 … 그러다 문득 얼마 전에 회사 근처에 마카롱 카페가 오픈했다는 얘기가 떠올랐다. Right now, Wish list에 '○○ 마카롱 디저트 카페에서 신상 마카롱 먹기.'라고 사뿐히 적어주면 되는 것이다.

Right now, Wish list의 핵심은 말 그대로 지금, 당장에 있다. Right now, Wish list에 마카롱을 적었다고 생각해 보자. 적는 순간 입에서 군침이 돌 것이다. 꼬끄가 바삭하면서 쫀득하고 안에 크림과 필링이 꽉 찬 세상에서 제일 무섭다는 먹어 본 맛의 황홀함이 머릿속을 떠나지 않을 것이다. 이때부터는 상품 결제를 마치고 배송을 기다리는 마음과 같을 것이다. 다음 날 아침을 설레는 기분으로 맞이하고 종일 들뜬 기분으로 하루를 보낸 후 퇴근길에 마카롱을 영접하는 그 기분. 상상만 해도 벌써 행복하지 않은가?

"좋은 신발은 좋은 곳으로 안내한다."라는 말이 있다. 꼬리에 꼬리를 무는 생각은 언제나 그럴싸한 답을 내놓는다. 그런 의미에서 Right now, Wish list를 작성하기 위한 다양한 생각은 자신에게 생각지도 못한 답을 건넬 것이며 그것을 이루는 소소한 행복을 만끽할 수 있는 선물을 제공할 것이다.

행복하길 원한다면 작은 것부터 실천해나가는 성취의 힘이 필요한 법이다. 지금, 당장 당신의 손에 쥐어질 그 무언가를 상상해 보라.

정말 좋아?

Bucket list와 Wish list를 기록하면서 어느 정도 본인의 취향이나 좋아하는 것에 대한 명확한 기준이 섰을 것이다. 여기서 나는 또 얄미운 질문 하나를 던져 본다.

"그게 정말 좋아?"

이 질문에 답하기 위해서는 명확히 해야 할 것이 있다. 내가 선택한 것이 정말 좋아서 내 취향과 맞아서 선택한 것인지 아니면 그것들 사이에서 그나마 내 마음에 드는 것을 선택한 것인지에 답할 수 있어야 한다. 잘 모르겠다면 다른 질문을 하나 더 던져보자.

"당신은 입버릇처럼 입을 옷이 없다고 매번 투덜거리는가?"

이 질문에 뜨끔 하는 분들이 상당히 있을 것이다. 옷장에 옷이 가득한데도 매번 입을 옷이 없다고 투덜거린다. 심지어 비슷한 스타일의 옷들이 옷장에 그득하다. 어처구니 없어 하는 배우자의 말에 발끈하며 다양한 이유를 들어, 본인 말에 정당성을 확보하려 한다. 입을 옷이 없다는 이유 중 가장 흔한 것이 유행이 지났다는 것이다. 유행에 민감하거나 패션 감각이 뛰어난 사람들은 미세한 차이에도 스타일이 완전히 달라진다고 주장한다. 총 기장 1cm 차이에도 전체적 느낌이 달라진다고 하니 그것이 맞는 말인지 틀린 말인지는 개인의 소견이므로 중요하지 않다. 여기서 중요한 것은 유행을 선도한 것이 본인이 아니라는 것이다. 본인이 선도하지도 않는 유행을 따라 매년 옷을 새로 사는 것을 본인이 정말 좋아서 선택한 행동이라고 보기는 어려울 것이다.

매년 입을 옷이 없다고 새로운 옷을 사는 행동은 냉정하게 말해 자신이 선호하거나 좋아하는 옷을 사지 않았거나, 자신이 뭘 좋아하는지 모르기 때문에 일어나는 현상일 거란 추측을 해 본다. 내 옷장을 열면 십여 년이 훌쩍 지난 옷이 절반이나 된다. 물론 나는 패션 감각이 뛰어나지도 유행에 민감하지도 않다. 그렇기 때문일 수도 있겠지만 나는 내가 좋아하는 스타일과 색을 정확히 알고 있다. 종종 유행을 타는 옷을 사기도 하고 내가 좋아하는 색이 아닌 내 체형에 맞거나, 얼굴이 환해 보이는 색상의 옷을 사기도 하지만 그것은 어김없이 찬밥 신세가 되고 만다. 옷은 내가 선호하는 것과 나에게 잘 어울리는 것 두 가지 모두를 고려해서 선택해야 하겠지만 결국 내가 더 잘 입게 되는 것은 내가 선호하는 것이 아닌가 싶다.

좋아하는 것을 명확히 아는 것은 나를 편안하게 한다. 더 나아가서 시간, 공간, 감정의 불필요한 낭비를 감소시켜 줄 것이다. 내가 진짜 좋아하는 것을 명료화하는 것은 반드시 해결해야 할 숙제와도 같은 것이다.

기록이 나를 지치게 할 때

글을 쓰고 기록을 하는 사람으로서 기록이 가져다주는 장점을 너무나 잘 알고 있지만, 익숙하지 않은 사람에게 글쓰기는 고통일 수 있다. 위에서도 언급했지만, 무엇이든 동기나 원동력이 필요하다. 누군가의 추천에 따라 기록을 시작했지만, 기록에 의해 오히려 무기력에 빠지기도 한다.

일주일 동안의 기록을 살펴보며 화가 났습니다. 정말 어쩌면 이렇게도 특별한 일이나 감정 없이 지낼 수 있는 것인지 답답합니다. 너무나 반복적이고 단조로운 생활 유형에 싫증이 납니다. 별 탈 없이 보낸 일주일에 감사하지 못하는 제가 나쁜 걸까요?

이런 말을 하는 분들이 가끔 계신다. 특별할 것 없이 무사히 보낸 일주일에 감사하면 좋겠지만, 그런 마음이 들지 않는다고 해서 나쁜 것은 아니다. 기록이 크게 도움이 되지 못하는 이유가 깊이 있는 기록이 아니어서 일 수도 있고 단순히 기록에 대한 거부감일 수도 있지만, 기록을 통해 오히려 무기력증이 나타난다면 일단은 기록을 멈출 것을 권한다. 기록하는 것은 그 기록을 통해 행복해지기 위함이지 부정적인 감정을 얻고자 함이 아니다.

기록을 멈추기로 했다면 '걷기'를 추천한다. 다행히 한국은 치안이 좋은 편이라 외진 곳이 아니라면 조금 늦은 시간이라 하더라도 조금만 조심한다면 안전에 대해 큰 걱정을 할 필요는 없다. 꼭 공기가 좋은 공원을 찾거나 경치가 아름다운 곳을 찾지 않아도 된다. 오히려 그동안 잘 다니지 않던 길을 선택하는 것이 도움이 된다. 기록이 온전히 나를 들여다볼 수 있는 공간이라면 걷기는 오롯이 나와 내 몸이 나누는 대화이다. 신경학적으로도 걷기 등의 신체적 움직임은 엔도르핀, 도파민, 세로토닌을 포함한 다양한 신경 화학물질의 방출을 자극한다. 이는 기분 개선에 도움을 준다. 집을 나서서 걷기 시작할 때는 이런저런 생각들로 다소 머릿속이 복잡할 수 있겠지만 막상 걷기 시작하면 그런 잡생각들은 곧 사라질 것이다.

걷기는 걷는 그 자체만으로도 자신을 관찰할 수 있는 좋은 경험을 선사한다. 길을 따라 걸으면서 내 취향을 엿볼 수도 있다. 걸음을 멈추고 하늘을 보는 것을 좋아하는지, 불어오는 바람의 향기를 좋아하는지, 도심의 다양한 구조나 건물의 디자인에 관심을 기울이는지 등 내가 모르고 있던 나를 발견하게 되기도 한다.

걷기를 위해서 가급적이면 시간의 여유를 가지고 집에서 멀리 떨어진 곳까지 가기를 권한다. 일단 집에서 멀리 나오면 다시 집까지 돌아가야 하는 만큼의 거리를 확보할 수 있다. 귀찮다고 조금만 걷고 들어가는 것을 사전에 방지할 수 있다. 오래 걸으면 다리가 아프고 몸이 불편해진다. 그렇게 되면 걸음이 느려지고 조금씩 주변에 눈길이 갈 것이다. 잘 알고 있다고 생각했던 길이지만 생소한 가게가 눈에 띄고 지나는 사람들이 눈에 들어올 것이다.

걷기는 걷는 그 자체만으로 몸과 마음에도 도움이 되지만 예상치 못한 시선과 생각을 불러일으킬 수 있다. 이는 새로운 시각과 개인적 성찰의 기회를 제공한다. 그중 나에게 가장 흥미로운 것은 호기심이 발생한다는 것이다. "어? 우리 동네에 이런 가게가 있었어?" "예전에 여긴 식당이 있었는데, 왜 망했지?" 등과 같이 조금은 시답잖은 생각들이 떠오른다.

이러한 호기심은 친숙한 환경이라는 고정된 생각의 틀을 깨고 다른 관점으로 생각을 이동시킨다. 이는 사물을 다르게 보도록 영감을 주며 때로는 이러한 생각의 이동이 창의력을 자극하여 새로운 아이디어의 촉매제 역할을 할 수 있다.

걷기는 몸과 마음에 건강을 챙기면서도 예상치 못한 시선과 생각을 마주하는 독특한 경험이 될 것이다.

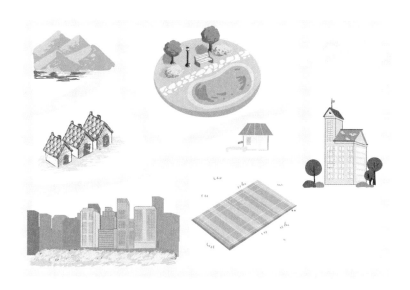

벗어남의 여행

　출근, 업무, 식사, 퇴근, 가정에서의 일, 취침. 늘 반복적인 삶 속에서 새로움을 꿈꾸는 것은 모든 현대인의 바람이다. 하지만 다른 것을 생각할 만큼 마음이 여유롭지 못하다. 여행은 누군가에게 거창한 것으로 다가오지만 내가 권하는 여행은 그런 것이 아니다. 여행을 일상으로 바꿀 기회는 누구에게나 있다.

　기록에 지친 이들에게 걷기보다 더 권하고 싶은 것이 여행이다. 그럼에도 내가 걷기에 관한 이야기를 먼저 쓴 것은 아무래도 당장 할 수 있는 것이 걷기였기 때문이다. 여행은 걷기보다 조금의 시간을 더 필요로 한다. 여기서 핵심은 조금의 시간을 조금 더 필요로 한다는 것이다.

흔히 여행을 이야기하면 제일 먼저 시간적 여유를 떠올린다. 시간적 여유를 떠올리는 것은 결국 장소 때문이다. 우리가 여행에서 가장 중요하게 생각하는 것이 장소이다. 장소는 여행의 목적과도 맞닿아 있다. 장소는 각각이 그 만의 특징, 볼거리, 문화, 풍경 등을 가지고 있다. 자주 오는 기회가 아니라는 생각에 작정하고 모든 것을 해치우듯 경험하고자 계획을 세운다. 한국인들의 극기 훈련식 여행은 다른 나라에서도 소문이 자자하다. 오래전 여행 프로그램에서 현지 렌터카 업체 사장의 인터뷰가 떠오른다. 보통 여행객은 하루에 약 200km 정도의 운행을 하는데 한국 사람들은 평균 600km 이상 운행을 한다며 혀를 내두르는 모습이 아직도 선명하다.

여행은 새로운 세계에 대한 도전과 경험을 의미한다. 그런 의미로 사람들은 늘 여행을 기대하고 설렌다. 이러한 여행이 일상이 되면 좋겠지만 애석하게도 그럴만한 여유를 가지고 있지 못하다. 내가 권하는 여행은 일상에서 벗어남의 여행이다. 도전이나 새로운 경험의 여행이 아닌 다람쥐 쳇바퀴 같은 일상에서 벗어남, 그 자체로의 여행을 의미한다. 장소가 아닌 시간, 오롯이 나만의 시간을 간직할 수 있는 벗어남의 여행을 권한다.

장소는 중요하지 않다. 새로운 경험이 필요하지도 않다. 익숙한 곳도 괜찮다. 나에게 나만의 시간을 주기 위한 공간이면 족하다. 아무것도 하지 않아도 괜찮다. 나를 감싸고 있던 직장, 업무, 가족, 친구에게서 벗어남이 중요하다. 온전히 나를 위한 시간을 만들어내는 여행을 권한다. 함께하는 여행에서는 공유하는 감정과 시선을 간직한다면 나만의 여행에서는 나만의 감정과 시선을 간직할 수 있게 된다. 같은 곳을 가더라도 다른 감정과 기억을 담아내는 신기한 경험을 하게 될 것이다.

여행에 관한 생각을 바꾸면 여행도 곧 일상이 된다.

꺼내 보는 것

　기록이 되려 나를 힘들게 하는 상황에서 벗어나는 법에 관한 건 걷기와 여행을 이야기했지만 사실 이것은 다시 기록하기 위한 전략에 해당한다. 걷기와 여행이 기록에 미치는 영향력은 조금 다르지만 어쨌거나 두 가지 모두가 일상에서의 감정을 풍부하게 하는 것은 사실이다. 감정의 풍부함은 오랫동안 간직하고 싶은 충동을 만들고 그 충동은 기록의 훌륭한 소재가 된다. 결국 돌고 돌아 다시금 기록하게 된다는 말이다.

　다시 기록하게 되면 전보다 풍부해진 감정에 기록하는 속도와 내용에 자신감이 붙을 것이다. 그런데 간혹 문제가 발생한다. 화가 나고 속이 상해 감정을 가감 없이 기록하고 그것을 계속 읽다 보니 오히려 부정적인 감정이 지속되는 경우가 생긴다는 것이다. 기록하지 않았다면 일상에 치여 사라질 감정을 계속해서 담고 있으니 뭔가 잘못된 것이 아닌가 하는 생각이 들 수도 있다. 하지만 그러한 생각은 잘못된 것이다. 기록 때문에 부정적인 감정이 계속된다는 말도 일부 타당성이 있지만, 그것은 일부에 지나지 않는다. 부정적인 감정이 지속되는 것은 감정이 발생한 원인이 해결되지 못했기 때문이다. 해결되지 못한 문제를 그냥 덮어 두는 것은 매우 위험한 일이다.

성인 남자와 소년이 나란히 길을 걷고 있었다. 잔뜩 흐린 하늘에서 천천히 눈이 내리기 시작했다. 소년은 하늘을 올려다보며 행복한 미소를 지었다.

"와~ 눈이다."

"눈 좋아하니?"

"네! 오늘 눈이 많이 올까요?"

"글쎄다. 눈이 많이 내렸으면 좋겠니?"

"네. 펑펑 쏟아져서 온 세상이 하얗게 덮였으면 좋겠어요. 얼룩지고 지저분한 것들이 눈으로 덮인 세상은 너무나 예쁘잖아요."

성인 남자가 소년의 머리를 쓰다듬으면 어설프게 웃음 지었다. 그리고 뒤돌아서서 눈이 내리는 하늘을 올려다보며 작은 목소리로 혼잣말을 읊조렸다.

'눈 덮인 세상은 아름답지만, 눈이 다 녹고 난 이후의 세상은 눈이 내리기 전보다 더 지저분하단다.'

부정적인 감정을 일시적으로 피하거나 덮는 것은 위험하다. 부정적인 감정의 원인을 파악하고 문제를 해결하기 위해 노력할 필요가 있다. 부정적인 감정이 억압되거나 무시된다고 부정적인 감정이 사라지는 것이 아니다. 시간이 지나 같은 감정이 또 생겨나 몇 배의 불쾌감을 줄 수 있다. 또한 이것은 단순한 감정을 넘어 폭발이나 공격적인 행동으로 이어질 수 있다. 부정적인 감정의 원인을 조기에 파악하는 것은 감정적 문제의 확대를 막는 일이다.

기록은 부정적인 감정의 원인을 살필 수 있는 아주 탁월한 방법의 하나이다. 기록을 통해 부정적인 감정이 지속되는 것이 아니라 해결하지 못해 지속되는 것이다. 그러므로 부정적 감정을 계속해서 들여다보고 그것을 꺼내 원인을 규명하고 근본적인 문제 해결을 위해 노력해야만 한다. 반복되는 부정적인 감정에 집착할 것이 아니라 부정적인 감정의 원인을 찾기 위해 끊임없이 질문을 던지고 답을 찾아야 한다. 문제는 감정이 아니라 그 감정을 만든 상황 혹은 관계이다. 자신이 왜 그러한 상황이나 관계 속에서 일관된 방식의 감정을 느끼는지 이해함으로써 앞으로 어떻게 반응해야 하는지에 대한 정보를 찾을 수 있어야 한다.

기록은 남들이 만들어 놓은 해설지에 나를 끼워 맞추는 것이 아니라 나를 온전히 꺼내 관찰하고 정답지를 만든 것이다. 설령 그것이 오답이라 하더라도 자신만의 풀이가 꼭 필요하다. 오답지가 두꺼우면 두꺼울수록 나에게 꼭 들어맞는 정답을 찾을 수 있을 것이다. 그러니 자신을 믿고 오늘도 열심히 자신을 꺼내 놓는 일을 소홀하지 말자.

오답은 내 삶에 훌륭한 스승이다.
오답은 나에게 질문을 던지고
나는 숙고하며 나를 삶에 진짜 주인공으로 만든다.

내가 던진 질문은
오직 나에게만 해당하는 것이기에
나만이 답할 수 있으며 바로 그 점이 멋진 것이다.

내가 어떤 사람인지
어쩌면 영원히 알 수 없겠지만
기록을 통해
꺼내고 질문하고 답하는 것을 멈추지 않는다면
설사 그것이 오답이라 할지라도
어제의 나보다 오늘의 나에게 더 공감할 것이고
선택의 순간에 조금 더 확신에 찬 결정을 내리게 될 것이다.

부모가 아닌 나를 알아 가는 여정

그냥 나는 나

"오늘 발표해서 스트레스 풀. I여서 발표 같은 거 너무 부담스러움."

"F는 눈치 보며 살기 너무 힘듦."

"ISTP 남자가 술 마시고 챙겨 주는 거 관심인가요? 그냥 사람으로서 하는 일인가요?"

요즘 MBTI 성격 유형 검사가 유행이다. 왜 이 성격 유형 검사가 유행하게 됐는지는 알 수 없지만, 자신을 더 잘 이해하는 도구로 인기를 얻고 있는 것은 사실이다. 기록을 통해 자신에 대한 이해도가 높아진 이들 중에 간혹 이러한 성격 유형 검사에 자신을 끼워 맞추는 사람들이 있다. "나는 화합을 중요시해. MBTI 검사에서도 ISFP가 나왔어. 그러니 나는 평화주의자고 파워 공감러야. 사람들의 눈치를 보는 건 당연한 거야." 이렇게 합리화 시켜 버리는 경우가 있다.

성격 유형 검사는 어느 정도 재미있고 흥미로울 수 있지만, 분명한 한계와 잠재적 위험성을 지니고 있다. 자신을 정의 내리기 위해 이러한 검사에 의존하는 것은 오히려 오해의 소지를 만들고 개인의 성장과 발전에 해를 끼칠 수 있다. 우리가 이러한 성격 유형 검사에 의존적인 것은 정의 내리는 것에 집착하기 때문이다. 정해진 틀 속에 자신을 넣고 그것을 정답인 것처럼 여겨 버린다. 나 역시 윗글에서 정답과 오답의 얘기를 꺼내긴 했지만 나라는 존재는 쉽사리 정의 내릴 수 있는 것이 아니며, 정해진 틀에 끼워 맞춰서도 안 되는 것이다. 그저 끊임없는 기록을 통해 자문자답하며 이해해 나가야 하는 것이다.

인간은 계속해서 진화하는 존재이며 시간의 흐름에 따라 정의와 가치도 변화한다. 복잡한 인간을 일련의 범주로 묶어 버리는 것은 어리석은 일이다. 개인의 진정한 모습을 완전히 나타내지 못하는 보편화된 틀에 자신을 맞추지 않기를 바란다. 오히려 이러한 시도는 진정한 자기 발견에 방해 요소일 뿐이다. 범주로 묶인 유형의 특성을 그대로 받아들임으로써 현재에 안주하고 인식의 한계를 넘어 성장할 기회를 잃게 만든다.

진솔한 기록은 거짓말을 하지 않는다. 기록을 통해 알게 된 내 모습이 범주화된 유형에서 벗어나는 것이라 할지라도 자책하거나 그것을 바꾸려 해서는 안 된다. 그냥 나는 나일 뿐이다. 있는 그대로의 나의 모습을 관찰하고 이해하면 된다. 내가 끄집어낸 모습이 유형에 맞지 않는 것뿐이지 그 모습이 잘못되거나 거짓인 것이 아니다. 그것 역시 자연스러운 나의 모습이다. 어쩌면 그 모습이 타인과 나를 구분하는 중요한 개성일 수 있다.

나란 사람이 어떠한 범주에 속하는 것이 아니라, 내가 생각하고 행동하는 것이 나만의 특별한 범주가 될 때 진정 나다워질 수 있다. 기록은 나만의 범주를 만들고 이해하기 위해 끊임없이 질문을 던지고 답을 찾아가는 과정이어야 한다.

과장은 솔직함이 아니다

기록에 어느 정도 익숙해지고 구체적이고 솔직한 기록 형태를 유지하는 이들이 심심치 않게 실수하는 것이 있다. 기록하며 자신의 감정에 몰입하다 보니 상황에서 느꼈던 감정의 크기보다 과장해서 작성하곤 한다.

오늘 나는 사랑하는 연인과 첫 여행을 떠났다. 내 인생에서 가장 마법 같은 날이었다. 날씨는 완벽했고 우주의 모든 기운이 연인과의 첫 여행을 축복해 주고 있었다. 모든 것이 완벽했다. 우리의 첫 여행은 동화 속에 발을 들여놓은 것처럼 아름다웠다. 첫사랑인 연인과 함께 이 놀랍고도 환상적인 여행을 시작했을 땐 천

마리의 질주하는 말처럼 심장이 뛰었다. 이 매혹적이면서도 달콤한 여행은 황홀감으로 가득 찼다. 수백만 개의 눈부신 태양도 나의 연인의 눈동자처럼 아름답지는 않을 것이다. 연인의 눈동자는 영롱하고 찬란함으로 빛나고 있었다.

어떤가? 진부하고 상투적이며 필요 없는 미사여구가 덕지덕지 붙은 지저분한 기록이다. 이러한 과장은 오히려 진정성을 떨어뜨린다. 연인과의 첫 여행이라는 상징성에 취해 실제와 상상을 구분하지 못한 결과이다. 구체적이고 진솔하게 기록을 남긴다는 건 과장해서 쓰는 것과는 별개의 이야기다. 감정에 충실하지 못하고 상징성에 집착하게 되면 오히려 기록을 망치게 된다. 현실을 정확하게 보지 않고 의미를 부여하면 화려한 상상의 날개를 펼치게 된다. 어떻게든 멋들어지게 기록으로 남겨두고 싶은 욕심이 만들어낸 처참한 결과다. 이런 기록은 나중에 오히려 더 읽지 않게 된다. 그리고 시간이 지난 뒤 정말 이런 감정이었는지 의심하게 만드는 역효과를 가져올 수 있다.

기록은 형형색색의 미사여구가 아니라 단순하면서도 구체적인 문장으로 써야 한다. 지나치게 꾸미는 것이 아니라 최대한 담백해야 한다. 구체적으로 적고 싶다면 설명하려 하지 말고 묘사를 하는 것이 좋다. 감정을 설명하려 애쓰는 동안 진짜 자신이 느낀 감정은 온데간데없이 사라지고 보여주고 싶은 가짜 감정만을 남길 것이다. 진짜를 남기고 싶거든 내 감정이 이렇다고 설명하기보다 다시 읽었을 때도 그때의 감정을 되살릴 수 있도록 써야 한다. 지나친 설명은 미래의 나에게 던지는 강요가 될 수도 있다.

담아내는 기록

감정에 과몰입하게 되면 가짜 감정이 나를 뒤덮기 마련이다. 남에게 보여주기 위한 글이 아닌데 그렇게까지 할까 싶겠지만, 결국엔 기록 역시 내가 다시 보기 위해 쓰는 글이다. 그렇다 보니 기록하는 것에 익숙해지면 자주 하게 되는 실수가 감정을 과장하는 것이다. 다양한 감정을 강조하고 공부하라고 말했던 건 기록을 풍성하게 만들기 위해서가 아니다. 말 그대로 다양한 감정 인지를 통해 삶의 만족도를 높이기 위함이었다.

어디까지나 기록은 진솔해야 한다. 그래야만 자신을 파악하는 데 도움이 된다. 감정이 지나치게 강렬하면 다시 읽었을 때 오히려 과거의 기억을 부정하는 위험에 처할 수도 있다. 그날의 경험과 느낌을 오롯이 기록하고 싶다면 설명하는 것이 아니라 담아내야 한다. 설명은 그날의 감정을 미래의 나에게 보고하는 게 아니라 전달하는 것이다. 그날의 일을 요약하거나 과장된 감정으로 기록하는 것은 보고에 가깝다. 보고나 요약은 다시 읽었을 때 공감이나 감정을 전달하는 게 아니라, 그저 고개를 끄덕이는 정도의 사실 확인에 지나지 않는다.

하지만 담아내기는 다시 읽었을 때 오감을 통해 그날의 상황을 다시금 경험하게 한다. 담아내기는 특정한 날의 모습을 동영상으로 재생하는 것과 같다. 벌어지는 장면을 다시 지켜보게 만드는 일이며 자신의 머릿속에 생생하고 구체적인 그림을 그릴 수 있도록 감정을 불러일으킨다. 잘 담아낸 기록은 언제나 자신을 능동적 참여자로 만들어낸다.

묘사를 잘하기 위해서는 감각적이고 구체적인 이미지 표현이 중요하다. 그날의 일을 장면으로 떠올리고 거기에서 보고, 듣고, 냄새 맡고, 맛본 것 등의 서술이 효과적이다. 또한 나 그리고 주변 사람들의 행동, 표현, 반응 등을 기록하는 것도 좋다. 설명하는 것이 아니라 그대로 기록하면 된다. 기억 나는 대화가 있다면 그대로 기록하는 것도 좋은 방법이다.

과장에게 "뭐 하나 제대로 하는 게 없어!"라고 한 소리 들은 나는 퇴근길에 매번 내리던 버스 정류장이 아닌 한 정거장 먼저 내렸다. 어깨와 팔을 축 늘어뜨리고 터덜터덜 걸어 ○○ 카페 문을 벌컥 열고 들어갔다. 카페 문을 열자마자 나는 나도 모르게 코를 킁킁거렸다. 갓 구운 빵의 향기가 카페를 움켜쥐고 있었다. 커피와 빵을 사서 구석 창가 쪽으로 가 앉았다. 창문을 살짝 여니 가을 산들바람에 나뭇잎들이 바스락거리는 소리가 부드럽게 들려왔다.

커피와 빵으로 기분전환을 하고 집을 향해 걸어가는데 마침 붉은 노을이 하늘에 길게 널브러져 있었다. 나는 한참 동안 멍하니 서서 노을을 바라봤다. 주변 사람들도 너나없이 노을을 바라보고 있었다. 그들의 얼굴엔 하나같이 환한 미소가 그려졌다. 나의 눈에 다정한 연인의 모습이 들어왔다.

"내가 가장 좋아하는 꽃 기억해?"

손을 꼭 잡고 있던 여자가 다정한 목소리로 남자에게 물었다.

'나는 무슨 꽃을 좋아하지?'

나는 나에게 질문을 던지다 멋쩍게 미소를 지으며 턱 주변을 손바닥으로 닦아 내렸다.

여자가 남자를 와락 끌어안으며 볼에 살짝 입을 맞췄다. 남자가 정답을 맞힌 모양이었다.

집으로 돌아오는 시간이 짧게 느껴졌다. 천근만근이었던 몸 상태도 가벼워져 있었다.

'좀 더 밖에 머물다 올 걸 그랬나?'

위 기록에는 감정을 설명하는 단어나 형용사가 비교적 적다. 퇴근길 모습을 있는 그대로 담고 있으며 보고, 듣고, 냄새 맡은 것을 기술했다. 기록을 다시금 꺼내 읽을 때 눈앞에 장면이 펼쳐짐과 동시에 그날의 기억을 떠올릴 수 있는 기록이라 할 수 있다.

공감의 끄적임

유독 정신이 사나운 날이 있다. 그런 날은 마음을 다잡기가 쉽지 않다. 그렇다고 꾸준히 해오던 기록을 멈추기엔 어딘지 찜찜하다. 이런저런 생각으로 머릿속이 복잡할 땐 필사를 권한다.

필사는 나의 문제가 아닌 타인의 이야기를 글로 듣는 것이다. 필사할 때 소리 내 읽으며 쓰는 것이 좋다. 읽으며 한 번, 그것을 들으며 또 한 번, 마지막으로 쓰면서 한 번. 같은 문장을 총 세 번 반복함으로써 타인의 이야기에 집중하고 공감할 수 있게 만든다. 그동안 나의 이야기를 하느라 바빴으니 타인의 얘기를 경청하는 시간을 갖는 것도 큰 도움이 된다.

필사를 위해 어떤 책을 구매해야 하느냐고 묻는 분들이 많은

데, 책의 장르는 크게 상관없다. 자신이 읽고 싶은 책이면 다 좋다. 시집, 에세이, 소설, 역사, 인문 등 장르에 구애받지 않아도 된다. 장르마다 필사를 통해 얻게 되는 이점이 각기 다르다.

필사는 작가의 문장을 내 필력에 배게 하는 일이다. 요즘 책들이 가벼워졌다고는 하지만 한 권의 책을 내기 위해서 작가는 오랜 시간 수많은 문장과 사투를 벌인다. 그러한 문장을 필사하다 보면 작가의 문장력을 본인도 모르는 사이에 흡수하게 되고 그것은 나의 기록에 큰 도움이 된다.

필사는 눈을 뜨고 하는 명상이다. 단순히 문장을 그대로 옮겨 적는 것이 아니라 문장에 공감하는 것이다. 때론 필사를 멈추고 자기의 생각과 비교하며 비판적인 필사를 하기도 한다. 이 과정을 통해 자연스럽게 자기 성찰의 시간을 갖게 된다. 결국 필사를 통해서도 나와의 상호작용이 가능해진다.

필사는 기록과는 전혀 다른 듯 보이지만 타인의 생각에 공감하고 그것을 통해 소통함으로써 자기 발견과 이해로 연결 짓는 기록과 유사점을 많이 가지고 있다.

맺으며

 학교에서 아이들을 가르치고 다양한 봉사를 통해 학부모님과 마주하며 20여 년의 시간을 보내는 동안 참 많은 생각을 했다. 연대와 집단은 언제나 나를 성장시키는 원동력이다. 그곳에서 파생되는 다양한 질문과 답을 찾아가는 과정에서 수없이 많은 오류를 범하며 조금이라도 더 나은 답을 찾기 위해 노력했다. 여전히 무엇이 옳은가에 대한 끊임없는 고민 속에서도 내가 행복한 것은 이러한 노력이 나를 성장시키고 함께하는 사람들을 앞으로 나아가게 한다는 것이다.

 오래전에 나와 3년을 같이 공부한 학생에게서 생뚱맞은 질문을 하나 받은 적이 있다.

선생님이 늘 공동체, 공익이라는 단어를 강조하는 이유를 잘 모르겠습니다. 인생은 어차피 혼자 아닌가요? 선생님께서는 중산층 이하의 집단이 아닌 것으로 알고 있는데, 왜 그런 것들을 강조하시나요? 일종의 가진 자의 연민이나 배려 같은 건가요?

학생의 질문은 사뭇 나를 당황스럽게 했다. 내가 공동체나 공익을 주장하는 이유와 이를 뒷받침할 근거를 설명하는 것은 어렵지 않았지만 답변할 시간이 그리 넉넉하지 못했다. 그리고 학생이 말한 연민이나 배려라는 단어가 나를 먹먹하게 만들었다.

내가 공동체나 공익을 강조하는 이유는 그것이 내가 최종적으로 행복해지는 것이기 때문입니다. 나만 행복하고 다른 사람은 불행하다면 내 행복 역시 자꾸만 줄어들 것 같거든요. 그리고 좀 더 솔직히 말하면 내 자녀를 위해서입니다. 내 자녀가 자랄 세상은 여러분들이 중심이 된 사회입니다. 그런 여러분들이 타인을 생각하지 않고 자기 자신만 생각한다면 내 자녀가 성장하는 과정에서 상처를 많이 받을 것 같거든요. 나는 나도, 내 자녀도, 여러분도, 여러분의 자녀도 그 누구도 상처받지 않는 사회를 원합니다.

그리고 한마디 덧붙이자면 저는 제 주변 사람들이 불쌍하거나 도움이 필요한 이들이라고 생각하지 않습니다. 저도 그들도 오늘을 열심히 살아가는 동등한 사람들일 뿐입니다. 그저 함께 행복하고자 연대하는 것뿐입니다.

"수고하셨습니다.", "고생하시겠습니다."라는 말을 우리는 자주 쓴다. 그런데 이 말은 나이가 어리거나 직급이 낮은 사람에게 쓰는 말로 상급자가 하급자에게 사용하는 말이다. 말 한마디로 계급을 나누어 버린다. 그래서 나는 "애쓰셨습니다.", "애쓰시겠습니다."라는 말을 상하 계급과 상관없이 모두에게 쓴다. 내가 이 말을 자주 쓰는 것은 상대를 존중하면서도 너와 나는 차이가 없음을 나타내기 위해서이다. 어쩐지 나에게 '배려', '연민'은 '수고", '고생'과 같은 의미이다. 너와 나의 차이를 나누고 윗사람이 아랫사람에게 갖는 마음과 같이 느껴져 불편하다.

이번 책은 이런 마음에서 출발했다. 자녀는 부모의 보살핌을 필요로 하지만, 그렇다고 부모와 자녀 사이에 계급이나 지위가 있는 것이 아니다. 그런 점에서 부모가 자녀의 우위에 서려 하면 안 된다. 부모와 자녀의 갈등이 대부분이 이러한 관점의 차이에서 생긴다고 생각하기에 책의 초반부에는 그동안 겪었을 법한 사례들을 중심으로 관점 바꾸기를 시도했다. 어쩌면 책의 초반부를 읽는 내내 불편했을 수도 있다. 책을 쓴 나 자신도 책의 내용대로 자녀 양육을 하고 있지는 못하다. 하지만 노력해야 하고 늘 반성해야 한다. 그동안은 몰라서 못 한 거였지만, 이제는 알았으니 안 한 것이 된다.

그렇다고 이 책이 부모를 질책하기 위해서 쓴 것은 결코 아니다. 나 또한 자녀를 양육하는 부모로서 부모를 먼저 생각하지 않을 수 없었다. 누군가의 말처럼 이 책이 자녀 양육에 애쓰는 부모들을 위해, 책임을 덜어내고 행복할 수 있는 길로 스스로 인도하기를 바라는 마음이 담겨 있다. 부모의 역할은 최선을 다해 자녀를 사랑하고 옳은 길로 인도하는 것이다. 결과의 책임은 사실 부모에게 없다. 제대로 사랑하지 않고 옳은 길로 인도하지 않는다면 책임이 있겠지만 사실 그런 부모는 거의 없을 것이다. 그러니 자녀의 모습을 부모의 책임으로 전가하지 말자. 그리고 제대로 사랑하려면 나부터 행복해져야 함을 잊지 말아야 할 것이다.

그래서 책의 후반부에는 자신을 살피고 행복해질 수 있도록 이야기를 펼쳤다. 자신을 관찰하고 기록하며 진정 본인이 원하는 것을 인지하고 그것을 실현할 수 있도록 애쓰길 바란다. 내가 행복하지 않으면 자녀도 행복하기 힘들다. 타인의 행복을 바라보는 것만으로는 절대 행복할 수 없다. 그것이 자식이라 할지라도 그것이 내 행복을 꽉 채울 수는 없다는 말이다. 좋은 사람을 만나고 싶거든 내가 좋은 사람이 되라는 말이 있다. 자녀의 행복을 바라거든 부모부터 행복해지자.

처음 이 책을 쓰기로 마음먹었을 때 할 얘기가 많았다. 그래서 처음에는 책에 담긴 것보다 훨씬 많은 양의 이야기를 쓰려 했다. 그러나 고민 끝에 덜어내기로 했다. 이 책이 무겁길 바라지 않는다. 양육에 지친 부모들에게 학습하듯 공부하는 책이길 원하지 않았다. 그리고 이 책의 내용이 정답도 아니다. 그러니 그냥 시간 날 때 가볍게 읽을 수 있는 책이길 바란다.

기회가 된다면 독자 여러분과 직접 대면해서 얘기를 나눌 수 있는 장소에서 뵙기를 기대하며 마지막으로 책 작업을 위해 나와 많은 언쟁을 벌이며 에너지 소모를 한 사랑하는 부인에게 감사를 표한다.

맺으며

에필로그

책이 정식으로 출판되기 전에 내용을 먼저 읽은 사람은 부인이다. 맺음말 마지막에도 짤막하게 기록했지만, 부인에게 검수받는 과정에서 많은 언쟁이 오갔다. 그때의 언쟁을 조금 담아 볼까한다.

"엄마, 아빠라는 단어를 왜 모, 부 이렇게 표기하는데?"

내가 '엄마', '아빠'라는 단어를 사용하지 않은 것은 책을 읽는독자에 대한 존중이었다. 엄마는 격식을 갖추지 않아도 되는 상황에서 '어머니'를 이르는 말이다. 나는 육아의 선봉에서 고군분투

하는 고귀한 여성분들께 격식을 갖추고 싶었다. '모'는 문어체에서 '어머니'를 이르는 말이다.

"부모는 자녀의 영아기에 이미 소통의 달인이 된다는 부분을 읽을 때 자꾸만 찔려. 나는 소통의 달인이 아니라 그냥 막무가내로 시간이 흐른 것 같거든. 내가 그 시간을 달인이라고 할 만큼 잘 보냈는지 되묻게 돼."

달인인지 아닌지를 명확히 구분하는 것은 사실 중요하지 않다. 자녀의 영아기를 견뎌낸 모든 부모는 달인이다. 단 한 번도 경험하지 못한 생소한 자녀의 언어와 비언어를 해석하기 위해 무던히도 애썼다는 그 사실 하나만으로 소통의 달인 자격이 충분하다고 생각한다. 우리가 언제 누군가와 소통하고자 그만큼의 노력을 기울이겠는가.

"육아서에 보면 영아기에 충분한 만족감을 얻은 자녀는 다음 단계로 수월하게 넘어간다고 했는데, 왜 충분한 만족감을 얻은 자녀가 부모가 변한 것에 더 예민하다고 주장하는지 이해가 잘 안 돼."

육아서에서 말하는 다음 단계가 무엇인지 정확하게 알 수 없지만 아마도 책임감과 독립성 등의 단계를 말하는 것이 아닌가 싶다. 당연히 영아기에 부모로부터 충분한 사랑과 만족감을 얻는 자녀는 책임감과 독립성을 수월하게 형성할 가능성이 높다. 그런데 내가 말하고자 한 것은 성장의 다음 단계에 대한 의미가 아니다. 부모의 변화에 대한 자녀의 민감성에만 국한된 얘기다.

모든 것을 수용적으로 다 받아주던 부모가 어느 날 갑자기 더 이상 그것을 행하지 않는다면 당연히 자녀는 민감하게 반응하지 않을까? 설마, 유아기 자녀가 "그동안 부모로부터 충분한 만족감을 얻었으니, 두어 개쯤은 주지 않아도 괜찮아."라는 어른스러운 생각을 할까?

"권위와 권위적은 다른 의미인데, 당신은 자꾸만 혼동해서 사용하는 것 같아. 타인으로부터 권위를 인정받은 사람의 단호한 훈육은 자녀나 학생들이 잘 따르지 않을까? 왜 부모나 교사가 권위를 갖는 것보다 자녀나 학생의 존중과 평등, 부모의 설득과 이해를 강조하는지 납득이 잘 안 돼. 요즘 주목받는 정신과 의사의 말에 따르면 당연한 것을 설득하고 이해시킬 필요는 없다고 말하던데. 난 이 주장이 더 설득력 있는 것 같아."

나와 부인이 가장 오랜 시간 언쟁을 벌인 부분이다. 부인의 말이 틀리지도 않았고 정신과 의사의 말이 틀리지도 않았다. 당연히 권위를 인정받은 사람의 말은 자녀나 학생이 좀 더 쉽게 인정하고 따르기 마련이다. 그런데 나는 여기서 짚고 넘어가고 싶은 것이 하나 있다. 우리는 권위를 갖춘 부모가 자녀를 양육할 때 오는 힘겨움에 대해 고민하는 것이 아니다. 책을 통해서 여러 번 강조했듯이 권위를 갖추기 위해 부모가 해야 할 것이 자녀를 중심으로 한 설득과 이해다. 강조하지만 이 세상에 당연한 것은 없다. 설령 있다고 해도 자녀가 그것을 당연하다고 받아들이지 못한다면 부모는 당연히 자녀를 이해하고 설득해야 한다.

"권위를 갖추기 위해 가장 중요한 것이 무엇일까?"

권위는 일정한 분야에서 사회적으로 인정을 받고 영향력을 끼칠 수 있는 위엄과 신망을 의미한다. 그 인정과 위신은 어떻게 생겨나는지 생각해 보자. 그것은 타인이 나를 존중하고 신뢰를 했을 때 생겨난다. 그러려면 내가 먼저 타인을 존중하고 배려하며 이해하는 것이 선행되어야 한다. 그래야 타인이 나의 권위를 인정할 것이다. 그러니 당연하게도 부모나 교사는 자녀와 학생을 먼저 존중하고 설득하는 것이 우선으로 여겨야 한다. 나는 이 부분을 강조하는 것이다.

에필로그

"권위를 인정받은 자가 스스로 자신이 권위를 갖췄다고 생각하고 자기의 기준과 판단으로 타인을 통솔한다면 그것은 권위자인가? 아니면 권위적인 자인가?"

이 말에 부인은 권위자라고 대답했다. 그런데 내 생각은 다르다. 권위자가 자신의 기준과 판단으로 타인을 통솔하려 했을 때 그것을 타인이 받아들이고 따르면 권위자가 되는 것이지만, 그렇지 못한데도 자기 뜻을 굽히지 않는다면 권위적인 자가 되는 것이다.

위에서 언급한 것처럼 권위자의 말은 타인이 좀 더 쉽게 인정하고 따를 가능성이 있다. 그런데 문제는 타인이 거부했을 때이다. 아무리 권위가 있는 사람의 말이라도 인정이 안 되거나 이해가 안 되면 타인은 거부 반응을 보인다. 권위자의 말이라고 해서 무조건적으로 타인이 그것을 따르지는 않는다. 그때는 권위자가 다시금 타인을 존중하고 인정해서 타협점을 찾아야 하는 것이다. 그래야만 권위자가 되는 것이다. 타인의 거부에도 자신의 통솔을 강요한다면 권위자가 아니라 권위적인 자가 되는 것이다. 그런 의미에서 나는 권위를 이야기하기 이전에 타인을 존중하고 인정하며 설득하는 것이 무엇보다 중요하다고 강조하는 것이다.

그저 타인을 존중하고 인정했을 때 권위는 자신도 모르는 사이에 갖춰지는 것이고 타인의 거부에 유연하게 반응할 수 있을 때 그것을 유지할 수 있는 것이다. 내가 생각하는 권위자는 절대 스스로가 권위를 갖췄다고 의식하지 않는다. 그것을 의식하는 순간, 권위자가 아니라 권위적인 자에 더 가까워진다.

"교육이 결국 자녀의 변화를 이끄는 것은 부정할 수 없지만, 자녀가 내세우는 기준을 어떻게 합당하다고 할 수 있을지. 자녀의 주장이 합당하지 않을 시 설득이 안 된다면 어떻게 해야 하는지. 부모가 미성년인 자녀와 합의에 이르기 위해 설득하는 과정을 거치는 것은 필요한 것일까?"

부인의 질문을 받는 나는 답답함을 느꼈다. 미성년자인 자녀가 내세우는 기준이 부모에게 합당할 리가 없다. 만약 합당하다면, 부모와 자녀 사이에 문제가 발생할 이유도 없다. 문제가 발생했다는 것은 부모와 자녀의 기준 차이가 발생했다는 것이고, 논리적으로 따지면 당연히 부모의 제안이 훨씬 효율적이고 타당할 것이다. 그러니 자녀의 기준이 합당한지 합당하지 않은지를 논할 필요가 없다. 누구의 의견이 더 타당한지를 따지기 위해 부모와 자녀가 합의 과정을 거치는 것이 아니다. 부모가 자녀와 합의 과정을 거치는 궁극적 목적은 자녀의 태도 변화에 있다. 부모의 제안이 효율적이고 타당할지라도 자녀가 받아들이지 않으면 그 제안은 의미가 없다. 그러니 부모가 자녀와 적절한 합의(서로 의견을 일치시키는 것)를 끌어내는 것이 힘들다면, 우선은 자녀가 일방적으로 원하는 기준이라 할지라도 합의(두 사람 이상이 한자리에 모여 의논함)하는 것이 좋다. 부모와 자녀의 합의 과정은 자녀의 변화를 이끌기 위한 과정이라는 것을 부모는 잊어서는 안 될 것이다.

"부모의 양육을 점유와 소유로 나누는 것이 불편해. 자녀는 물건이 아닌데 자꾸 거부감이 들어. 그리고 점유의 의미가 물건이나 영역, 지위 따위를 차지한다는 건데, 소유와 점유의 차이가 뭔지 모르겠어."

부모의 양육을 점유와 소유로 비유하는 것은 당연히 불편하다. 그럼에도 불구하고 내가 소유와 점유의 비유를 든 것은 예전이나 지금이나 자녀를 대하는 부모의 태도가 여전히 소유자의 형태를 취하고 있기 때문이다. 말 그대로 자녀는 나의 부속품이나 소유물이 아니다. 그런데, 왜 여전히 자녀를 자신의 기준에서 자신이 바라는 대로 키우려 하는가? 왜, 그것을 교육이나 훈육이라 명명하며 합리화하는지 우리는 반드시 생각해 보고 넘어가야 할 것이다.

소유와 점유는 같은 듯하지만 분명한 차이가 있다. 콕 집어 말하자면 재산상의 권리 차이라 할 수 있다. 물건을 내가 지니고 있다는 것에서 점유와 소유는 공통점을 가지지만 자신의 것으로 주장할 수 있는 재산상의 권리는 소유자만이 가지고 있다. 점유자가 소유자의 물건을 가지고 있다면 당연히 소유자의 허락이 필요하고 허락한 범위 내에서만 사용해야 한다. 이렇게 보면 자녀를 양육하거나 훈육할 때도 자녀는 부모의 소유물이 아니므로 자녀의 허락을 득해야 한다. 즉 부모는 자녀의 동의나 허락을 구하지 않고 일방적인 부모의 판단과 의지로 교육하거나 양육해서는 안 된다는 것이다.

"방 청소 관련 글에서 공간이 지저분한 것을 자녀의 탓으로 돌려서는 안 된다고 했는데, 자녀가 어지럽힌 것이 명확한데 왜 자녀 탓으로 돌리면 안 돼? 그리고 제재가 강하면 무서워 열심히 치우겠지, 어째서 오히려 청소를 포기할 가능성이 높은지 이해하기 힘들어."

공간이 지저분한 것이 자신의 탓임을 자녀도 이미 알고 있다. 자녀에게 청소하자고 권한 상황에서 잘잘못을 명확하게 가르고 확인하는 것은 자녀의 거부감을 불러오기 쉽다. 그렇게 되면 결국 또 자녀는 부모의 청유를 거절하게 될 것이고 부모와 자녀의 거리는 또다시 멀어질 것이 뻔하기 때문이다. 우리가 늘 잊지 말아야 할 것은 자녀 훈육의 궁극적인 목적은 자녀의 태도 변화이지 심판이 아니다.

두 번째 질문엔 역으로 내가 질문을 던졌다. "과연 얼마나 제재가 강해야 자녀가 무서워할까?" 사회에는 다양한 범죄가 일어나고 그에 따른 다양한 처벌이 존재한다. 처벌의 수위가 강해지고 있지만, 범죄는 쉽사리 줄어들지 않는다. 처벌이 무섭다고 범죄가 사라지는 것이 아닌 것처럼 제재가 강하면 자녀가 무조건 따를 것이라는 생각부터가 잘못된 생각이다. 자녀도 알고 있다. 부모는 자녀에게 죽을 만큼의 제재를 가하지 못한다는 것을. 그러니 제재가 강하면 자녀는 그냥 그것을 포기하고 말 것이다.

"당신도 부모의 역할에서 훈육이 중요한 부분을 차지한다고 말했잖아. 그런데 아이의 마음을 읽다 보면 아무래도 훈육이 힘들지 않을까?"

'제로섬게임'은 게임에 참가하는 양측 중 승자가 되는 쪽이 얻는 이득과 패자가 되는 쪽이 잃는 득실의 총합이 0(zero)이 되는 게임을 가리킨다. 경쟁과 승패 나누기가 팽배한 요즘 시대에 상대가 얻는 만큼 내가 잃는 승자독식 결과는 낯설지 않다. 하지만 훈육과 마음 읽기를 동일선상에 놓는 것은 바람직하지 않다. 마음 읽기와 훈육을 별개로 바라보아야 한다. 만약 두 명 이상의 자녀를 키운다고 할 때 모든 자녀를 생각하는 마음이 똑같을 수는 없다. 그럼에도 부모는 자녀를 차별 없이 키워야 한다. 이처럼 자녀의 마음을 읽는 것에 충실해야 하는 것은 물론이고 필요한 훈육 역시 단호하게 시행할 수 있어야 한다.

"부모와 자녀 간에 꼭 계약이 필요할까? 너무 딱딱하고 차가워 보여서 다른 단어를 사용했으면 좋겠어."

계약이란 관련되는 사람이나 조직체 사이에서 서로 지켜야 할 의무에 대하여 글이나 말로 정하여 두는 것을 의미한다. 지켜야 할 의무에 대하여 글이나 말로 정하는 것이니 가족 간에 계약서를 작성하는 것이 어색할 이유가 사실 없다. 그럼에도 우리가 가족 간 계약을 어색하게 느끼는 이유는 저절로 형성된 조직이며 부모가 자녀를 양육한다는 생각이 강하기 때문이다. 이러한 생각이 자녀와 부모 사이를 힘들게 한다는 것을 우리는 간과해서는 안 된다. 그냥, 대충 두루뭉술하게 좋은 게 좋은 것이라는 생각으로 육아를 하다 보면, 자녀의 불만은 커지게 되고 그런 자녀를 바라보는 부모의 마음도 다치게 된다. 모든 것을 명확하게 하는 것이 좋지만은 않겠지만, 조금 불편하더라도 자녀와 계약서를 작성하면서 서로간의 차이를 합의로 바꾸어 보는 노력이 필요하다.

"자녀가 부모를 가장 존경하는 대상으로 꼽는 경우가 왜 좋은 것인지 따져 볼 문제야?"

사람은 공기 없이 살 수 없다. 그렇다고 우리가 공기를 가장 소중한 것으로 꼽지 않는다. 나는 부모의 사랑이 사람에게 공기와 같은 것이라 생각한다. 당연히 늘 곁에 존재하는 것. 더없이 소중하지만, 평소에는 인식하지 못하는 것. 그래야만 자녀는 자유롭고 더 큰 것을 바라볼 수 있다고 생각하기 때문이다.

"라면 끓이기에서 자녀가 할 수 있는 것과 없는 것을 구분하라고 되어 있는데, 꼭 능력이 아니라 위험하니까 할 수 없는 것이 되는 거 아닐까?"

자녀 양육에서 내가 부모에게 가장 강조하는 것이 부모의 생각으로 자녀의 범위를 한정 짓지 말라는 것이다. 많은 부모가 자녀의 능력이나 관심 여부를 떠나 부모의 판단으로 자녀의 행동이나 사고를 가두는 경우가 많다. 그런 의미에서 나는 부모가 자녀의 안전을 보호하는 조치를 한 후 가급적 많은 것을 할 수 있도록 해야 한다고 생각한다. 자녀는 부모가 생각하는 것보다 훨씬 많은 것들을 할 수 있고 하고 싶어 한다. 무조건 막아서는 것이 아니라 부모가 옆에서 자녀를 도와 가능한 많은 것을 경험하게 하는 것이 자녀를 위하는 길이 될 것이다.

"필자가 좋아하는 것을 나열할 때 타인의 눈을 너무 의식하는 것은 좋지 않지만 그래도 타인에게 피해를 주거나 싫어할 만한 행동은 적지 않는 게 좋을 것 같아."

부인이 이러한 질문을 한 것은 아마도 내가 담배 피우기를 적어서 일 것이다. 부인의 말처럼 당연히 타인에게 피해를 주는 일을 내가 좋아하는 일이라고 해서 무턱대고 할 수는 없다. 내가 금연인 곳에서 담배를 피우거나 많은 사람이 모인 곳에서 흡연하는 것은 결코 아니다. 내가 좋아하는 것을 자신있게 말하지 못하고 마치 죄 지은 사람처럼 행동해야 한다면 그것만큼 불편한 일은 없을 것이다. 이렇게 마음과 행동의 부조화가 일어난다면 내 삶이 행복으로 가는 길에 걸림돌이 된다. 너무 타인을 의식할 필요 없다. 내가 좋아하는 것을 당당하게 말해야 타인과 조율할 수 있으며 그 과정은 모두가 행복해지는 중요한 밑거름이 될 것이다.

"갑자기 원론적인 질문을 하고 싶어졌어. 부모의 양육이 추구하는 궁극적인 목적은 과연 뭘까?"

질문을 받는 나는 조금 당황했다. 사실 이 질문에 답을 하기가 쉽지 않다. 교직 생활을 20년 가까이 해 오면서 나에게 수천 번도 더 던진 질문이다. 내가 학생을 가르치는 궁극적인 목적은 과연 무엇일까? 정답을 알 순 없지만 분명한 것이 하나 있다. 나는 내가 가르치는 학생이, 나의 자녀가 '행복'하기를 바란다. 이렇게 말하면 결국 대부분의 부모가 자녀에게 바라는 좋은 직장, 많은 돈, 명예와 권력이 행복의 지름길이라고 말할 수도 있을 것이다.

하지만 나는 여전히 그것에 대한 의문을 가지고 있다. 정말 그것들이 있으면 스스로가 행복하다고 느낄 수 있을까? 위에 나열한 좋은 직장, 많은 돈, 명예와 권력은 모두 타인과의 비교를 통한 우위를 점했을 때 행복을 느낄 수 있는 것들이다. 그것 자체가 행복을 가져다주지는 못한다. 그렇다면 우리는 끊임없이 비교를 통해 우위를 점해야만 행복이란 것을 느낄 수 있을까? 아마도 그건 절대 아닐 것이다. 타인과의 비교 없이 행복을 느낄 수 있을 때 우리는 그것을 참된 행복이라고 말할 수 있을 것이다.

사실 이것은 지극히 개인적인 영역이기에 육아나 교육을 통해 가르치거나 전달할 수 있는 것은 아니라는 생각이 든다. 다만 부모나 교사가 해야 할 일은 자녀나 학생이 그러한 것을 찾을 수 있도록 건강한 신체와 올바른 정신을 갖출 수 있도록 돕는 일일 것이다.

즉 부모의 양육이 추구하는 궁극적인 목적은 나의 자녀가 건강하고 스스로 생각하고 깨달을 수 있는 기틀을 마련해 주는 것이 아닌가 싶다. 나의 글을 읽는 많은 부모가 정해진 결과를 자녀에게 주입하는 것이 아닌, 자녀와 함께 성장을 통해 행복한 가정을 만들어가길 간절히 바라본다.